匠艺

金华市非物质文化遗产
代表性传承人访谈录

金华市非物质文化遗产保护中心 编

中国民族文化出版社·北京

编委会

执行主编：黄　欢

副 主 编：曹建兵

编　　委：任文俊　王　晶　李　军

　　　　　朱明升　童曦军　黄　奕

　　　　　吴海刚　吕美丽　黄群莲

　　　　　王　群　周琼琼

（文内照片如无特别标注则为文字作者拍摄）

序

　　它从悠远的历史中走来，历经百千年，源远流长，薪火相传，一脉相承。它从老百姓平凡的日常生活中走来，形式多样，斑斓多姿，丰富多彩。它从非遗传人的守艺中走来，务实追求，严谨细致，持之以恒……打开《匠艺——金华市非物质文化遗产代表性传承人访谈录》这本书，它就鲜活在你面前，它是属于八婺大地的非物质文化遗产，是民众的创造，是百姓的文化，是民族历史的见证。

　　这是一次尝试、一个开始。本书没有按照业界的传统和时下的惯例，把金华市有名的、带"国"字号的非遗传承人及大师作为访谈对象，此次访谈对象的定位是艺高年长的市级以上非遗传承人，几十年如一日的执着，一生孜孜不倦的投入，全身心致力于传统手艺的复兴。在这个意义上，他、她、他们，代表着一个时代，代表着一个民族的精神气质——坚定、踏实、严谨、执着、专注、敬业、务实……这也就是时下倡导并培育的工匠精神！从生活细节的角度，把他们的技艺传承记录下来，有故事情节，有非遗情怀。

在后工业时代，一些老手艺、老工匠逐渐淡出人们的视野，但工匠精神永不过时，寻找、重塑工匠精神这是我们出版此书的初衷和目的。再介绍一下本书的作者们，即采访者，他们中有执着于非遗保护、发展的从业者，有对传统文化有着深厚感情及责任担当的大学教师、中学教师和资深媒体人。他们在和非遗传承人充分沟通后，不仅翔实记录了传承人的手艺和品性，而且表达了自己在传统文化调查中获得的一些心得体会。这些心得体会，在我看来，虽然还是初步的，却是真实的；虽然还不够系统，却是经过深思熟虑的；虽然还只是思想的火花，却点燃了社会各界有识之士投身于非遗保护和传承的火炬，这些尤其让我感动。这些作者有着崇高的职业品行，有着社会的历史担当，其实质和工匠精神的核心一样，那就是勤勤恳恳、注重承诺、亲力亲为。

金华的非遗保护历时十余年，我始终认为：保护，体现了国家和民众对历史文脉的重视和尊重；传承，正是当代人义无反顾的责任和担当；弘扬，推动优秀传统文化在新的历史机遇中持续发展和魅力彰显。是为序。

钟世杰

金华市文化广电新闻出版局原局长

目 录

纸剪心中画 刀刻天下景

——婺城金华剪纸省级代表性
传承人詹东明

◎陈丽媛

谷雨遇雨，街道上的行人步履匆匆，金华市区东市北街50号的一座四合院里，詹东明正在为一群来自嘉兴的游客展示剪纸技艺。剪刀起，纸屑落，不到一分钟，红纸上就跳出了八只活灵活现的大公鸡，游客们有的鼓掌，有的竖起了大拇指。这座四合院是金华市剪纸博物馆，詹东明是这里的馆长、高级工艺美术师、浙江省工艺美术大师、金华市剪纸非物质文化遗产代表性传承人。

金华市剪纸博物馆收藏了来自全国各地的3000多件剪纸作品，最早的作品是清朝末年创作的。詹东明介绍，剪纸始于女红文化，旧时被用作装点居室和绣花样子，是一项比较普及的手工技能。随着时代的发展，接受现代教育的女孩们逐渐淡出了这类手工活，剪纸变成了少数人的一项兴趣爱好。同时，剪纸也随着大众欣赏水平的提高不断与时俱进，堪称一门融绘画、雕刻、摄影、书法等多项技艺于一体的综合艺术。

一幅好的剪纸作品需要经历构思题材、选用材料、创作画稿、剪刻、装裱等几个步骤。画完还要剪出来，其实比绘画更花时间和精力，但是在市场价值方面，剪纸却远不及绘画。目前金华地区专业进行剪纸创作的，只有詹东明一人，因为"单靠剪纸吃饭，实在太难了"。

一把剪刀剪出金华故事

中国民间剪纸的传统用途，一是作礼花，摆附在糕饼、寿面、鸡蛋等礼品上；二是用作布鞋鞋面、刺绣样底的剪纸。据调查，我国至少有33个民族具有民俗剪纸活态的村社习俗文化传统，其分布区域占到国土面积的60%。总体来说，北方剪纸只用剪刀，粗犷写实；南方剪纸既用剪刀也用刻刀，精致写意。

金华剪纸以小邹鲁文化为载体，在内容上有着鲜明的地域特色，构图讲究，裁剪细腻，线条柔和，不仅主体精致，就连装饰的花纹也非常精美。詹东明介绍，金华剪纸以戏曲窗花最有特色，还插入花卉、鸟虫等题材，再现古代婺民的市井风貌和生活向往。相较浦江、兰溪等县市的剪纸，婺城民间剪纸造型讲究大的影像轮廓，于影像之中剪出细细的阴线，具有浓郁的乡土气息和强烈的地方色彩，即所谓的"凝练概括、厚中见秀、玲珑剔透、含蓄华丽"。

坚持剪纸40多年的詹东明发现，在本地文化中有不少值得挖掘的题材，这些资源若是以剪纸形式呈现，也是对地方文化的弘扬。在詹东明创作的作品中，"金华风"占了很大的比例。他的《上李走马灯》《金华斗牛》《八婺遗韵系列》《八婺风采系列》等作品都曾获得浙江省大奖。

长期以来，金华的民间剪纸与婺剧相辅相成。技艺出众的剪纸艺人看过一台戏后，就能捕捉到最有代表性的人物神态，通过剪纸艺术栩栩如生地刻画出来，并融入自己的改进和创新。"画中要有戏，百看才不腻"，金华民间戏曲剪纸以剪法明快、柔婉流畅见长，生动传神，场面热闹，构图严谨，线条多变，不仅剪出了人物的性格特点、神态特征，就连背景细节也刻画到了。《僧尼会》《牡丹亭》等婺剧名段，也被詹东明剪成系列，挂在了剪纸博物馆正厅最显眼的地方。

2013年，詹东明深入金西收集当地民俗素材，花了半年时间创作了"金西民俗文化系列作品"，把"迎龙灯""城隍摆胜""保稻节""乌饭节"等代表性的民俗活动和人物都剪到了纸上。作品以整体圆形统一风格，外边团花配以春夏秋冬、梅兰竹菊、寿桃、佛手等具有地方色彩的吉祥图案，展现一幕幕热闹喜庆而又

生动鲜活的场景。抬举辇驾仪仗浩浩荡荡，这是农历四月十六隆重的城隍出巡；麒麟飞舞好事临门，这是扎麒麟逐户蹀之抢鳞片图吉利的蹀麒麟；排场豪华，气势盛大，供品数以百计，这是"江南第一庙"汤溪古城规模最大、品位最高的摆胜祭祀……浓郁的

《五福临门》　作者：詹东明
在第二届中国·浙江工艺美术精品博览会上获得铜奖

《青花瓷与红花瓷》　作者：詹东明
在第四届中国·浙江工艺美术精品博览会上获特等奖

地方特色民俗跟巧夺天工的剪纸艺术邂逅，赢得了第三届中国·浙江工艺美术精品博览会特等奖。

创新收获大奖

围绕本土文化创作剪纸的灵感被激发后，詹东明又以金华的一些风景名胜、地标性建筑为题材，创作了"古韵金华系列作品"。他突破了传统剪纸的团花模式，把保宁门、八咏楼、状元坊、侍王府、一览亭、福音医院等以剪影的形式剪出来，边上不再是花团锦簇的纹样，而是一个个形态和花纹各不相同的青花瓷瓶。在装裱形式上，詹东明也不再以镜框为限，改为单幅画轴的样式，让不少剪纸爱好者眼前一亮。目前这个系列的作品已经创作了40余幅，还在不断更新中。

詹东明还从黄大仙文化中寻找创作题材，据《玉帝赐胎》《大仙初平》《叱石成羊》《赠桃度化》等传说故事，剪出27幅作品。《黄大仙故事系列剪纸作品》被制作成集邮册的形式，每一幅作品都配有中英文的解释说明，在金华市旅游纪念品评比中获得金奖。

浙江省工艺美术精品博览会可以说是省内剪纸作品展示的最高平台，近年来，詹东明几乎每年都会带作品过去参赛。曾经，一些长卷作品因其规模和气势很容易吸引注意力，但近年来，也碰到了创新不足的问题。詹东明也曾经创作过《清明上河图》等剪纸长卷，有评委指出，长卷作品的题材多为经典名作，往往已经被艺术家们反复表现，不容易突破。另外，长卷作品的展示和收藏都不方便，不利于剪纸艺术的传播。这位评委的意见，詹东明觉得挺有道理。

那次博览会回来之后，他就开始思考怎么样让剪纸作品便于

展示和收藏。经过一番思考和创作，他的屏风系列作品诞生了。他把系列剪纸作品《花中四君子》《金陵十二钗》以丝绸作底夹进屏风的玻璃里，配以东阳红木雕刻的屏风框架，改变了剪纸以悬挂为主的方式，既美观又实用，还提升了剪纸作品的价值。《金陵十二钗》是目前詹东明最满意的一幅屏风作品，它在2014年第十五届中国工艺美术大师作品暨国际艺术精品博览会上获得"中国原创·百花奖"金奖，同时入围艾琳国际工艺精品奖。黛玉柔弱、宝钗娴雅、凤姐泼辣、探春机敏……不同人物的性格特点都被詹东明剪得跃然纸上，在屏风中栩栩如生。细看之下，成千上万的线条竟然都流畅而不断，那些数不清的团花图案更是个个精致漂亮。

詹东明的屏风剪纸受到了市场的肯定，不少来自上海、北京的剪纸收藏者陆续提出收购，其中《金陵十二钗》的市场估值为50万元，这在剪纸作品中已属天价。由16幅作品组成的《春秋鼎盛》屏风作品市场估值20万元，詹东明已将其捐献给金华市博物馆。

剪纸博物馆的守候与传承

剪纸是农耕文明背景下产生的艺术形态。中国民间剪纸是中国民俗生活中最普遍、最本原、最具文化象征意义的传统习俗之一，真实记录和反映了农耕社会的思想、伦理、艺术、信仰和习俗，是民间文化的重要载体，因而具有很高的文化价值和艺术价值。2009年，中国剪纸入选联合国教科文组织第四批世界人类非物质文化遗产代表作名录。然而，在过往数十年的岁月里，受到近现代工业发展的冲击，剪纸艺术与很多传统艺术一样日渐没落，甚至出现了文化断层。幸而，在王风、陈素月、詹东明等艺术家前仆后继地坚持和努力下，金华剪纸入围浙江省第五批非物质文化遗产名录，让剪纸艺术焕发出新的生机。

剪纸是个细致的活儿，不仅考验着剪纸人的耐心、高度的专注度，还要配合双手的协调性，画图样，剪雏形，刻花样，细雕琢。詹东明是坚持了40多年的剪纸人，多年来除了专注于创作，还花了不少精力在这项非遗文化艺术的推广中。考虑到金华剪纸爱好者们交流缺场地缺经费，2011年，詹东明自己出资，在金华市区东市北街50号一座清式四合院里，开办了金华市剪纸博物馆，希望更好地展示、保护、抢救、研究金华剪纸，促进金华剪纸事业的繁荣与发展。博物馆上、下两层，有1000多平方米，每一间厢房都有一个展览主题，一楼是名人大家的金华剪纸作品，二楼则展览着全国各地的剪纸作品，包括上百幅清末民初时期的民间剪纸作品。这些作品有的是詹东明多年收集而来的，有的是友

詹东明剪纸作品

人的馈赠，许多是残本，詹东明进行了大量的修复和装裱工作，才得以保存至今。

每年大约有 6 万多人游览剪纸博物馆，周末与节假日时，游人络绎不绝。剪纸博物馆是金华市非物质文化遗产宣传展示基地，也是金华市青少年教育实践基地，多次组织开展专题性、特色型的展览、讲座、研讨会，不少学校会组织到这里参观，一些旅行社也会把这里定为游览景点。詹东明和妻子总是尽可能抽出时间为参观者义务讲解，詹东明还会现场剪上一幅简单的作品，让大家加深对剪纸艺术的认识。除了对外开放，剪纸博物馆周末开设青少年剪纸学习班，每月还定期举行成人剪纸爱好者的交流活动。詹东明还进入学校为学生们的剪纸兴趣班授课，一周去四天，要走七八所学校。

说起剪纸技艺的传承，詹东明说："剪纸需要长时间坐着不动，是个很累的过程，喜欢剪纸的人不少，但是能坚持剪下去的人却不多。"詹东明收了十几个徒弟，但是剪纸既花精力又难赚钱，单靠剪纸艺术很难养活自己，因此詹东明的徒弟中还没有专职搞剪纸的传人，投入的精力也相对有限，花更多时间到剪纸中来的往往是退休后的老人，但这使剪纸艺术在创新突破方面又面临难题。

【延伸阅读】

金华剪纸源于金衢盆地的自然环境以及历史、社会、风俗等多方面因素，与人民的生产和生活紧密相关。金华剪纸作为浙江民间剪纸的组成之一，历史源远流长，源于唐代，盛行于五代，明清发展到鼎盛。《武林梵志》有载："吴越践王于行吉之日……城外百户，不张悬锦缎，皆用彩纸剪人马以代。"

金华剪纸最具特色的是以民俗题材为内容。金华民俗剪纸风格优美细致，除人物以外，更有背景、场面，构图相当完整，线条也多变化，尤其是人物的风姿神态刻画，表现相当生动。金华剪纸构图秀丽、工细，剪制技术完整，除了人物外，还多表现花卉、鸟虫等内容，展现了古代金华劳动人民的聪明才智和对美好生活的向往。

金华剪纸因其实用、雅俗共赏而广泛流传于民间，一直保持着顽强的生命力，使这一民间传统艺术形式千百年来传承不息。同时，金华剪纸作为传统民间艺术的一个种类，是金华民俗文化不可分割的一个组成部分，蕴含丰富的文化内涵，这也正是其文化价值的体现。2016年，金华剪纸被列入第五批省级非遗项目名录。

请在壶底寻找我的芳名

——婺城茶罐窑烧制技艺金华市级
代表性传承人吴月芳

◎曹建兵

吴月芳，婺城区茶罐窑烧制技艺金华市级代表性传承人，现任职于婺城区茶罐窑文化研究所。

一

"穿成这样需要多大的勇气啊！"市区西市街，两个时尚女子擦肩而过，话音滑过，吴月芳头也不回。

这个长辫及腰、穿高帮登山鞋的女人，在人群中如锥入囊，鲜明不群。素色粗麻的大衣，素色毛线料的袖子，腰间挂个麻料做的口袋，彼此关联生硬，针脚狂放。绑辫子的是和衣服同质的布条。

吴月芳说，现在捏泥，等自由一些的时候就去设计服装。如今，

拉坯

她穿的就是自己设计的衣服。

"对我来说，麻布是宣纸。"她说。在深圳多年打工留下的习惯就是晚上不做事就觉得一天浪费了，所以一旦有作品要外出参展，没法带泥巴，她就带布、剪刀和针线，根据心情进行裁剪，第二天穿着新衣去展会。

夏天做无袖，秋天加个袖子，冬天加点棉花，来年春天拆了袖子……一块麻布可以各种折腾。当然，吴月芳是买一堆麻布，常常！

二

因为一层好土，清朝时自湖北南迁的吴姓一族在塔石乡一处山脚扎根，村因窑而名茶罐窑。

土层之间深藏的观音土是制陶的原材料，饥年可以果腹。不施釉的茶罐窑陶器经高温烧成后，密度不高，渗水，显现一个巨大的特点，就是储水之后水质特别清冽甘甜。

吴氏这门技艺传男不传女，15岁的吴月芳坐在门槛上看兄弟们拉坯制壶，没有特别的想法，直至老杨捏了一个观音。

观音土不好塑型，不宜雕塑，但没挡住吴月芳学老杨捏泥人，她说，想捏一些腰肢曼妙的女人。算起来，这是她与泥巴的第一段亲密接触。转眼已是30多年。

三

不一定是三毛把她引向了深圳。

反正，汤溪塔石的群山已经围不住24岁的吴月芳。因对一

个来自城市的艺术家的单恋，她陷入无比的伤痛；熟读三毛和琼瑶以及唐诗宋词，让她"找不到知音、同类"；沉溺于写诗画画，让她沉迷于一个自我的世界，"走过喧哗的街，觉得看不到一个人"。

没有人理解她，包括父母。留下的"天地就只剩下自我，是山水人物……"她幻想在山间找一个茅屋，读书画画终老，而现实是在山村开了家理发店谋生。

晚上，她把客人留在店里的烟一支支抽完。她说，那阵子，有种"声音在喉咙里发不出去"的绝望。

1991 年 12 月 10 日，穿着旗袍高跟鞋的吴月芳来到深圳布吉，投奔老乡所在的工艺品厂，开始她与泥巴的第二段缘——雕塑，从学徒做起。

她说，那一走内心冰冷。她想像三毛一样，远走，一去不回头。

"壶涂，壶画，壶说，壶扯，以后再不要问我壶的名字，就这四个里面随便用一个。反正就是壶里壶涂、稀里壶涂系列。"

四

就像泥巴植入家族基因一样，三毛情结也成了吴月芳宿命的一部分。

她在深圳 15 年，辗转 17 个工厂，所有的工作都是雕塑。15 年泥巴生涯，她从学徒到师傅，从普通设计师到成立雕塑工作室，设计的雕塑产品卖遍世界。

每一次辗转逃离都是因为拒绝某一份情感，但最终，"身上冒着冷气"的她栽在三毛的"铁粉"老雷的手中。

在深圳期间，她去了西安美术学院深造。也在这里，她从一

装窑

个颠沛流离、内心不羁的女子，完成了母亲的角色转变。

她说，因为有了孩子，开始特别关心食物、空气和噪音。孩子上幼儿园之前，她选择回到山清水秀的金华，租住在浙江师范大学家属院，从此刀枪入库、马放南山，远离泥巴，深居简出。

五

2012 年，她开始了第三段泥巴缘。

这一年，式微的茶罐窑迎面撞上文化部门对传统手艺的重视和提携。陶艺世家的男丁都已弃泥而去，传男不传女的吴氏陶艺

只有老人还在坚持。一直以来让她从内心里惧怕的父亲，为她在村里老房子边上新筑了小柴窑。吴月芳说，对于各界的帮助和关心，她心怀感恩，内心里升腾起了使命感和责任感。

为了兼顾城里上学的儿子和乡下的泥巴，父亲隔一阵子便把手工拉好的陶坯雇车运到她租住的小区，一车三四十只，为了不被震塌和风干，每把壶必须用塑料薄膜包好。她小心翼翼地把壶和备用的泥巴搬进地下室，送走车子，再分批地搬到楼上。

传承有序的传统手艺嫁接横空杀出的雕塑技艺，茶罐窑焕然新生。

父亲手拉的陶壶是脸，她说自己是化妆师，用另一堆泥为壶画上脸谱——上把、安嘴，然后进行画图或雕塑。有时候上了把又切下来，安的嘴不理想了再换掉，每一把壶都像一次生产，基于灵感，纯手工制作，她不想有一把壶是重复的。快的时候，一天"化妆"两把，慢的时候两天一把。

创作完了，拉回到老家装窑，烧火……运送的过程，烧窑的过程，产品报废率高，重新出山半年，六个月时间里吴月芳只烧成四五十把壶，这让父亲非常失望——这怎么养活自己呢。

六

当初那么狂，今天那么卑！吴月芳常常自嘲："我就怕这两个男人。老的说你应该什么什么，小的说什么都不要限制我……"在儿子和父亲之间，既要在时间上腾挪，又要在观念上对撞，她常常在孩子入睡后深夜在盘子上做泥活。在和父亲的争执中，她固执地坚持：塑型不好、成品率低的本地泥巴换不换？不换！以灌浆代替纯手工可不可以？不可以！要不要以气窑代替柴窑以降

低成本？不要！在原来非常低价的传统黑陶上费大功夫的创作有没有价值？有！……

在与父亲的对抗中，吴月芳守住了当下自由创作的状态。她说感谢贫穷，并深信自己"最好的作品还没有出来"。

"我来不及认真地年轻，只能选择认真地老去。"2016年1月4日，三毛离世25周年，吴月芳转发了这段文字。匠心，或许不过是"认真"二字。一个写诗的裁缝当然也不一定就是个好壶匠，一个认真的捏泥人终究会是个优秀的制壶传承者。

诗，她是这样写的——

我早上捏泥 / 中午捏泥 / 晚上也捏泥 / 我今天捏泥 / 明天捏泥 / 后天也捏泥 / 我今年捏泥 / 明年捏泥 / 后年也捏泥 / 直到有一天终于被泥掩埋……亲爱的 / 请在我的壶底寻找我的芳名。

【延伸阅读】

茶罐窑是金华市婺城区汤溪镇下新宅村一个吴姓家族祖孙四代与陶器结缘的"小部落"，也是婺城区最后一个古老的民间陶艺生存地。几百年来，至今还保留着原始的烧制茶罐的传统工艺，形成了自己独特的吴氏陶艺。

吴氏陶艺有茶罐、冷水壶、花盆、蜡烛台、药罐等近十种"原、野、古"的陶器。各式陶器，圆无相同，方非一式，造型各异，色泽古朴，典雅浑厚，潇洒灵气，富有浓郁的传统艺术特色和历史质地感。

这门吃时间的手艺，可别在我手上失传

——兰溪粮食砌省级代表性
传承人童拓基

◎黄　欢

假如传统是一条鲜活的河流，那么80多岁的童拓基老人是这条河流中以传承兰溪市女埠乡金家村老祖宗遗产为己任，数十年如一日坚守阵地的威武勇士。粮食砌，金家草昆，还有传统中医，这每一项技艺都在童师傅祖祖辈辈间传承了两百多年。"祖上遗产不能在我手上失传"，在采访过程中老人反复强调这句话，技艺与情怀，在老人身上体现得淋漓尽致。

工艺世家　传承发展

兰溪市女埠街道金家村村民以五谷杂粮、蜂蜡、松香等为原料，利用粮食的形状和天然色彩粘制而成，采取传统防腐技艺及口传身教的传承方式，保留了一项民间砌塑工艺——粮食砌，这一工艺自清乾隆五十六年（1717）始至今已有数百年历史。粮食砌运用传统民间工艺，世代传承，是在农耕社会基础上产生的供奉化千大帝的一种祭品，是一种农民艺术，是农民思维与物质观念的产物，以祈五谷丰登、国泰民安，表达农民的美好心愿。

童拓基，1933年7月出生于兰溪市女埠街道金家村一个三代人以上都制作粮食砌、演唱昆曲和中医传家的民间工艺世家。童拓基年少时，正是金家村粮食砌供奉化千大帝的鼎盛时期，全村老少都会制作，在家庭氛围的熏陶下，无论是昆曲、中医还是粮食砌，在他幼小的心里都打上了深深的烙印，他喜欢这些来自祖上的、带着家人亲情温度的民间艺术。他十三四岁起便跟随父亲童志和制作粮食砌，由于具有很好的天赋，又勤奋好学、刻苦钻研，因而技艺日精，十五岁便能独立制作一些简单的物件，在青年时已是远近闻名的粮食砌优秀艺人了。

童拓基粮食砌作品

童拓基粮食砌作品

技艺高超　不断创新

童拓基的粮食砌作品很精致，品种有亭、台、阁、塔、牌楼、鼎、屏风等建筑模型，狮、虎、羊、象等动物造型，及果盒、如意等吉祥物，或恢宏或优美，形态逼真。用粮食自有的形状和色彩制作图案纹样，疏密有致，或对称端庄，或秀雅灵气，构图生动活泼，细腻的线条更是丝丝入扣，令人叫绝。

生活在农村的童拓基，很注重收集民俗、民风和民间故事传说，善于采用民间日常的生活图案，并将它们巧妙结合运用到粮食砌的平面图案中。他和大多数成绩斐然的民间艺人一样，既善于吸收传统，又敢于突破传统。粮食砌最初是平面的，艺人们觉得这会使粮食砌作品显得呆板，之后就开始琢磨研究，并向老一辈砌塑艺人学习。经过几代人的努力，粮食砌逐渐从平面的发展成了立体的，作品日益多样化，更具视觉冲击力。到了童拓基这代，粮食砌更趋成熟，形成了鲜明的特色和风格。他创作的《嘉峪关关城》，雄伟有气魄，长 100 厘米，宽 42 厘米，高 80 厘米，整个"建筑"由绿豆、赤豆、黄豆、谷子、粟米、油菜籽、花菜籽等 8 种杂粮砌成。他和徒弟两人花了 390 多天，才把 68 万多粒杂粮制作成《嘉峪关关城》，这一作品不但色彩明艳，而且坚实牢固。童拓基攻克了粮食砌作品存放最大的问题——防腐和防蛀。为了延长作品的保存时间，童拓基边制作边试验，他以蜂胶为材料，采用熏蒸、喷漆等防腐方法达到防腐和防蛀的目的。采用浸洗、风干、喷防腐药剂、熏蒸再风干等办法制作的粮食砌，预估能保存 80 至 100 年。

惜时惜物　坚守一生

童拓基祖辈三代都是制作粮食砌的好手。中华人民共和国成立后，供奉化千大帝的庙被拆除了，粮食砌失去了摆砌的平台，民间粮食砌的制作也随之停止。

1971年，兰溪外贸部门为了发掘民间工艺，邀请童拓基和同村的童文福制作了粮食砌作品《龙亭》并在兰溪展出，受到社会各界的好评。1997年，童拓基制作了《中华宝鼎》等粮食砌作品，并参加了上海、杭州的旅游招商会，上海东方电视台、浙江电视台对此做了专题报道。后来，他制作了《六角兰花》《牌楼》《梅》《兰》《竹》《菊》《雷峰塔》等数十件作品，其中《雷峰塔》用140万粒粟谷杂粮、10多千克黄油，耗费2000多个工时制作而成。整座塔按1∶100的比例，用绿豆、赤豆、谷子、粟米、油菜籽等8种杂粮"缩制"砌成，高1.2米，直径0.8米，重约17.5千克。无论是塔基的雕栏，还是塔身的绘画，都严格按照西湖边的雷峰塔实物堆砌。2007年，兰溪市粮食砌列入浙江省第二批非物质文化遗产名录。

从懵懂少年到耄耋老人，几十年的坚守，却依然得面对传承的困境。随着社会的发展，农村已由农耕社会向商业化社会转型，民间民俗文化受到巨大冲击，一些迎神祭祀活动相继停止，粮食砌失去了摆砌的机会。粮食砌制作有其特殊性，需要纯手工完成，无法用机械代替，因此一件作品用时多则半年一年，少则数月，在市场经济强调快速性的今天，它是一项没有"钱途"的工作，制作和传承都难以进行。同时，随着时间的流逝，目前兰溪市粮食砌艺人大多已谢世，健在的只有童拓基一人。随着粮食砌逐渐为大众所知，由好奇心驱使，或因对传统文化的喜爱而来向童拓

童拓基向学生讲授粮食砌

基学习粮食砌的年轻人还是不少的，有的还从上海、杭州等地赶过来。童拓基很开心，便毫不保留地将粮食砌技艺的要义和精髓全都传授给了他们，但辛苦教了一周半月，这些年轻人有的招呼都不打一声，就悄无声息地走了，再无音讯。理想很丰满，现实太骨感，粮食砌制作除了耗时费力伤眼睛，还要求制作人要专注静心，耐得住寂寞。这样的事情一次一次发生，伤了童拓基老人的心，老人说："朝三暮四的人太多了，今天学了，明天就走，这样的人不教也罢。"

童拓基的大女儿童洁琴静心耐心，老人认定由她来传承粮食砌技艺，不想学也得学，这是作为父亲的态度。好在大女儿意识到粮食砌工艺的价值，欣然接受，如今技艺精进。同时，女埠街道金家信义小学创建了粮食砌传承教学基地，该基地在2013年被列入金华市传承教学基地，聘请童拓基为辅导老师，每周一次定期为学生授课。"祖上遗产，不能在我手上失传！"正是这个信念，让童拓基老人惜时惜物、静心努力。为了粮食砌的传承，他积极、执着、专注！

屏住气，沉下心，童拓基专心致志地坐在工作台前，盯着五谷杂粮，照着事先画好的图样，一天下来，只能贴出那么几小块，几十年如一日。他说，兰溪粮食砌是一门吃时间的手艺，要求目光锐利，精神专注。如今，80多岁的他，出于对祖宗遗产的珍惜、对非遗事业的担当、对粮食砌手艺的喜爱和追求，仍然执着地、辛勤地坚守着这一领地。

【延伸阅读】

金家村地处兰江下游、兰城西部，距兰城约20千米。金家始祖于宋初年间定居此地。村前左侧有一座化千庙，庙内供奉的化千大帝备受村民敬仰。该庙由金家、西垄、董店、桥下及小麻车五村共有，同时由五村轮值，一村一年，轮流将化千大帝还归祠堂敬仰，以保清洁。轮值者谓之野当年冶。因小麻车村人烟稀少，由金家村加值半年，称野月半年冶。清乾隆五十六年（1717），金家村童翠凤为了将金家野月半年冶搞得与众不同，受苏州艺人之邀，去苏州学习制作粮食砌，回家后用砌制的粮食砌供奉化千大帝。每逢野月半年冶，金家村将化千大帝迎到积庆堂，用粮食砌摆砌三天。之后金家村家家户户制作粮食砌，村上以能精巧制作者为荣。到了清光绪年间，金家村制作的粮食砌品种有牌楼、虎、豹、狮、白象、花瓶、和盒、大小五事、屏风等50多种，能独立完成砌塑作品的艺人达30余人，而全村参与制作的艺人达100余人。

2007年，粮食砌列入浙江省第二批非物质文化遗产名录，同年被评为金华市十大民间工艺品。

粮食砌的工艺流程是：

第一步，确定制作样品。品种大致有鼎、烛台、花瓶、牌楼、

童拓基的部分制作工具

台、亭、阁、塔、屏风、狮、虎、象、羊、麒麟、果盒、如意等，大户砌大件，小户砌小件，各自定制。

第二步，制成与制作物同样大小的模具。

第三步，胶成片。于模框中涂上一层胶，原来用具有黏性的糯米糊，现亦可用凡士林，再用钳子和竹插将粮食一粒一粒地依序排列，拼成花色图案。

第四步，定型。在排列成图案的插件平面上，涂一层薄薄的黏合剂，经溶化后，放在阴凉地等其晾干。

第五步，组合。按设计好的图样，将插件细心组合，配上丝绸、花草、光片等饰物，外罩以玻璃框，即成一件美观别致的工艺品。

与根共舞的"柴珠人"

——兰溪根雕金华市级代表性
传承人郑世有

◎潘丽云

郑世有，字小有，1968 年出生于兰溪市梅江镇柳塘边村，自幼酷爱工艺美术，博采众长，自学成才。取"以柴成珠，变废为宝"之义，自号"柴珠人"。其作品道法自然，注重天趣和人艺的结合，风格古朴浑厚、构思独特、个性鲜明。2010 年，郑世有成为亚太地区手工艺大师、中国工艺美术大师高公博的入室弟子。在大师的言传身教下，结合自身的创作实践，他从技艺手法、创作理念到文化修养、处世感悟都得到了质的提升，现为中国根艺美术大师、金华市非遗代表性传承人，是兰溪根雕界的杰出人物。

2012 年 4 月，福建莆田中国工艺城根艺展厅内人声鼎沸，一座命名为《本愿》的佛陀头像吸引了专家和众多根雕从业者的目光。他脸色斑驳，面部凹凸不平，纹理纠结断裂，印记着风吹雨打、电闪雷劈。他应该从历史的纵深处走来，历经劫难。然而他目光沉静，嘴角微扬，接受无常法则，安住每一个当下，内心没有任何迎拒心，洋溢着知足、感恩、宁静、安详，散发着佛的庄严、智慧、慈悲、无畏。这座在遵循花梨瘤原型的基础上运用"柴珠雕艺"，用剥琢雕手法再现佛陀精神的作品，顺理成章地拿下了本届工艺美术百花奖的金奖，当之无愧。其作者，正是郑世有。

如果郑世有一开始就着手根雕，或许不会走得这么顺，这么远。之前，他还有一个得天独厚的身份——木雕师傅，木雕的技艺根基让他在根艺界如虎添翼。

郑世有走上雕刻这条路，一开始就不是为了生计，只为兴趣爱好。他自幼酷爱美术，喜欢画画，晒谷场上、墙上、石板上，只要有平整的空间，他都会照着样子画，画公鸡、牛、羊、风车、电扇、麦田……凡是眼见之物，全都成了他笔下的素材；凡画出的图景，无不被人夸赞。不仅如此，他对各种手工艺也情有独钟，刻核桃小篮子，做小根雕摆件、麦秆扇子，做简易桌凳、鸡笼、猪栏、楼梯等，作品无不惟妙惟肖；做水泥台阶、洗衣池、屋顶翻漏、砌墙等活儿也不在话下；劈竹皮做竹篮子，做针线活儿、打毛衣、修锁修手电筒等也都得心应手。他简直集百工之长于一身。他的少年时代就在涂涂画画、拼拼凑凑中度过了，宽松自由的成长环境造就了他不羁的创作思想。

当同龄人外出打工时，他开始琢磨仿古家具。家里要添一套雕花家具，他亲自操刀。琢磨的过程，就是他做木雕的开始。从此，他就与电链锯、高速直磨机、雕刻刀、锤子为伴，一发不可收拾地爱上了雕刻，充分享受着创作的乐趣。

初生牛犊不怕虎。初出茅庐的他凭借对美术的兴趣爱好，自信满满，全身是劲儿。凡是与木雕相关的，他不计工时，不计报酬，就自个儿热腾腾地干开了。跟着同行朋友闯广东、驻东阳，一边画图，一边学艺，以能者为师，勤奋好学。凭着天赋和努力，郑世有在东阳的巍屏木雕厂里很快脱颖而出。之后，受福建省建瓯的一家仿古家具厂的邀请，郑世有去做家具的设计和制作。福建广信佛教，兴建庙宇较多，两年后郑世有转到庙宇里雕梁刻斗，开始接触福建木雕（四大木雕之一）、圆雕技艺等，又多了一个学习空间。而最让其钟爱的是福建的根雕，可以让制作者无穷尽地发挥想象力，自由创作。它可巧借天然，因材施艺，但不留明显痕迹。郑世有似乎一下被打通了任督二脉，强大的创作欲望在脑海里奔突、撞击、跃动。他果断转身，一头扎进根艺世界。这是一个体现自然神力的世界，他被那些经雷劈、火烧、蚁蚀、石压、刀砍而顽强生存下来的树根——那些造型奇崛遒劲的生命形式深深折服，情不自禁地膜拜在大自然脚下，设法把自己的思想融入自然的树根之中，努力给予它们新的生命。

于是，他毅然决然地在福建建瓯的街面上开了一家根雕工作

《本愿》花梨瘤　　　黄　欢／摄

《我们也要家园》柞木　　　郑世有／摄

室，凭借不落俗套的艺术构思、简洁明快的造型、传神寓意的作品，很快受到业内人士的好评和爱好者的青睐。他一边实践于根艺创作，一边研读树根的品性。对于根材，从檀香、紫檀木、大红酸枝、鸡翅木、条纹乌木、花梨木，到沉埋在地下的乌木，还有那些埋没在山区老林中粗笨简单的树杈、剩根，那些散落在田间地头的干枝、死节，那些裂变交错的枯枝烂核、树瘤节疤，他都烂熟于胸。正因为对根材了如指掌，他的创作才得心应手、别具一格，可以说，郑世有引领了当地一时的根艺潮流。

2000 年，他代表闽北，带着作品去中国美术馆参展。其作品《我们也要家园》是一截樱木的柞树老桩，树桩两边的樱瘤神似两只小熊在相互对视，它们神情无奈，似乎在倾诉对人类的斥责。创意的造型和巧妙的命名，暗合了当时环保的呼声。该作品一展出，即引起评委和一部分新闻媒体的关注，引得观赏者强烈的共鸣，一举斩获第七届"刘开渠根艺奖"金奖。此奖是根艺专业里的最高奖项。这无疑更加坚定了郑世有对根艺追求的信念。

到此，如果郑世有安于现状，以他的熟练程度和技术精度，完全可以市场化大量出产根雕产品，而他却绝不重复，绝不将就。他一直在创造，一直在突破和创新。

从福建回到家乡，浦江浓得化不开的艺术气息，让郑世有兴奋得像个孩子。远走他乡的游子有了精神皈依，他在浦江美术馆的大院里扎了根，当时粉丝无数。这期间，他与志趣相投的朋友切磋，接触了很多画家。为了丰富技法，他在工作室里不断构思，从画坛巨匠方增先的"积墨人物画"技法中得到启发，创新了"棱块雕"——在根材适当的部位用凿，劈凿出造型与脸部表情。它不仅使树根的木质美、肌理美外露，而且增添了种种变化的刀痕美，恰如国画中的笔触，似焦墨、积墨、宿墨的变化，凸显沧桑、

《二泉映月》局部

《二泉映月》杨梅树

悲壮、刚劲的艺术效果。为了能更好地表达柔和的特性，郑世有又琢磨出一套柔和雕的手法，顺着柴根的纹理，用朦胧柔和的手法来表达作品的主题思想，女性的温婉柔媚、飘飘若仙、超然醉如泥之态尽在其刀斧下显现。接着，意象雕应运而生，以写意手法，应根形而状貌，意在弥补柴根造型之不足，以达到"雕似自然"而"胜于自然"的效果。作品《世俗深渊》《先知》《坐忘》就是其代表作。其后的"剥琢雕"技艺日臻成熟，在传统雕法的基础上，进行斑驳、剥琢处理，以期突显历史的沧桑感。多年来，他不断汲取他人长处，实践多种雕刻技法，处理型、色、光的各种技巧，达到了一定的艺术境界。

　　用郑世有自己的话说，2000年《我们也要家园》的展出、获奖只是美术技艺层面的尝试，10年之后的《二泉映月》——阿炳的形象则是人物技艺的代表。它代表郑世有的创作回归人物，力图通过雕刻人物的动作、表情来传达人物思想。他认为，雕人物，重在雕心、雕神韵，要通过动态、表情来刻画人物心理，凸显作品的意和神。

　　根艺创作的构思，必须着眼于最大限度地保护自然之形，超越自然之美，而一切人为艺术的再创造痕迹需藏于不露之中。构思中应对根材做多角度的全面观察，反复揣摩，依形度势，深思熟虑后方能定型。如构思未成熟、一时难以立断的根材，只能搁置一段时间。有一年，郑世有看中了一株崖柏，乍一看，根体是一个女性的躯体，身段柔美，婀娜多姿，只是因为适合雕脸部的根块单薄，无从下手，一直耽搁着，直到三四年后顿悟，不如雕个侧面，能雕的雕，不能雕的就不雕，这样寥寥几笔一个美人形象就出现了：她坐在礁石上，过腰的长发被海风吹起，微侧的鹅蛋脸眉清目秀。正如他的师傅——亚太工艺美术大师高公博所赞：

"郑世有的作品着重人物内心情感的流露，他利用柴根，在多变的形体中捕捉瞬间美感的隐现，继而抒发自己与众不同的创作情感，在司空见惯的根材中能塑造出一个个别开生面的主题。"

如果郑世有停留在实践层面，自恃一技，炫于一艺，偶有一得，守之为本的话，那么，他也只能算是个木匠，可他偏偏视鲜花掌声为过眼云烟，进取不竭，把丰富的经验上升到理论层面，用规律来运作。

创作之余，他对根艺创作有深刻总结，并将思考和经验诉诸专业期刊，其文章有《柴珠的灵性》《读解柴根雕琢自我》《根艺创作中思想的重要性》《柴珠说》等。其中《柴珠说》以文言笔法，系统而全面地阐述了根艺的共性、本性、风格、流派、雕琢、技巧、构思、制作、命名、落款、类型、气势、形象、意象、人物、形貌、神韵等30个方面。这些文章都收录在2013年出版的《郑世有柴珠根艺》一书中。

在郑世有眼里，艺术家的思想是艺术创作的核心，根艺创作和其他艺术形式一样，思想才是根艺创作的核心和前提，民族传统文化是艺术创作的源泉。正因为有这样的认识，他不遗余力地学习国学，《道德经》《离骚》《唐诗三百首》等是他案头的必备书。最近，他又迷上了南怀瑾的《论语别裁》。他对传统文化的认同与渴求，使他作品的文化内涵尤为厚重。于是，柴珠堂里，庄子向我们走来，或梦蝶，或相忘于江湖，或持竿不顾；屈原向我们走来，或上下"求索"，或"指九天以为正"，或"佩长剑冠切云"，或"援北斗酌桂浆"；观音系列、僧人系列、关羽系列、老子、韩非子、东坡……这些作品散发着厚重的文化内涵，反映的既不是纯个人化的思想情感或艺术探索，也不是对自然万物具象的摹写，而是人与自然沟通的精神与情感活动，是道法自然的

《愤慨》

心性表达。

    2013年来，郑世有先后被评为金华市兰溪根雕代表性传承人、兰溪市第八批技术拔尖人才，有机会进高校课堂，也有更多的机会展示交流，他如饥似渴地学习，不断充实文化修养，探讨创作理念，切磋雕刻技艺。如果说实践和理念是他的双翼，那么，思想则是他的灵魂。读书是吸收，是继承，根雕是创造，是超越。一个人读懂了世界，汲取了知识，他所创作的作品便是活的，有生命的。读而后有作，作而出新，是大智慧。正如他所言，创作根艺，就是在挖掘发现自我的内在艺术积淀。到树根中寻找美，也是在寻找自我对美的认识与理解。通过千奇百怪的根材，因人而异地创作出各式各样的风格与思想，做成千差万别的作品，把

这些根艺作品汇集在一起，就是根艺家内心世界的辽阔海洋。

【延伸阅读】

兰溪根艺历史悠久，主要分布于兰溪城区、梅江白沙、马涧柏社、香溪官塘等多个区域，有良好的传统氛围和传承土壤。现从事根艺爱好者20余人，专业创作者8人，有国家级学会会员4人、国家级大师1位、高级根艺师3位，其中郑世有、蒋志辉为兰溪市级代表性传承人。

兰溪根雕艺术是传统的民间工艺美术，从使用的角度可分为实用品和美术雅赏品，从题材角度可分为山水、花鸟、人物以及抽象类根艺美术品。它的流派风格与地方的文化、区域材料、工艺传承有直接关系。兰溪根雕艺术受兰溪地域文化影响，受周光洪根雕美术家的影响，又经曹聚仁、方增先等文化人和美术大家之文化的熏陶，加上东阳木雕工艺的辐射和传承，造就了各方面的优良条件。近年来，兰溪根雕美术作品在国家级、省级的专业竞技博览会上屡获金奖。

老树春深更著花

——侯阳高腔省级代表性
传承人王正洪

◎章果果

侯阳高腔就像一个难解的谜，"侯阳"二字从何而来？直到现在仍无定论，林林总总，竟有六七种说法。有的说是"岳阳"之误，有的说是"后阳"之讹，有的说是"后场扬起"之故……

但是，有一点学术界的意见是比较统一的：侯阳高腔是我国最早出现的戏曲形式南戏在流传中的遗响。侯阳高腔诞生于东阳，是以义乌腔为基础，接受弋阳、余姚诸腔影响，而形成的曲牌联缀体高腔戏曲。

婺剧高腔有侯阳、西吴、西安、松阳之分。侯阳高腔因其古老，享受特殊礼遇："凡逢庙会，均需让侯阳班先鸣号，以示尊祖。"

马勉之《浅谈婺剧的声腔》曾有述："它比西安高腔和西吴高腔来得古老，还保持着打击乐伴奏的痕迹，演员唱一句，中间加一记小锣或大锣，或通过后台帮唱一句和半句来让台上演员演唱有喘息的机会，是一种典型的徒歌干唱的古老形式。"到了清末，加入笛子、板胡、科胡等管弦乐，但仍用乐师帮腔。

侯阳高腔唱腔原始古朴，音调高昂响亮，一人歌唱，后台帮腔，再加上大锣大鼓伴奏，气氛激越，情绪昂扬，颇具强悍、雄壮的气质……侯阳高腔的大开大合，深受百姓喜欢，并曾经一度辉煌。

近百年来，时代剧烈更迭，侯阳高腔命运多舛，幸运的是虽历尽波折，但已绽出新枝。

劫后余生：柳暗花明又一村

据侯阳班名老艺人胡方琴、黄桂清回忆："清代道光时能演侯阳高腔大戏 42 本。民国年间，尚能演大戏 15 本、折子戏 9 个……东阳最多时有 72 副行头出门，其中大多是侯阳班。"72 副行头，指的是 72 个戏班。他们当时在金华、台州、温州等旧属上六府巡回演出，热闹一时。直至民国 5 年（1917），东阳还有 11 个三合班。

1951 年，由老紫云、王新喜两个老三合班为班底组成了东阳婺剧团。1954 年，浙江省首届戏曲会演在杭州举行。这是侯阳高腔的一个高光时刻，时年 72 岁的高腔名艺人胡方琴、新秀潘池海分别荣获表演一、二等奖，胡方琴的表演得到包括京剧大师盖叫天在内的众多戏曲家的赞誉。

1961 年，为了落实文化部指示，抢救、继承戏曲遗产，东阳婺剧团组织胡梦兰、王贵达等 4 位古稀老艺人成立"吐录小组"，那时，负责这项工作的是陈崇仁。他回忆："任务虽很艰巨，但对我来说是责无旁贷的。在三年多的时间里，我天天跟老艺人们泡在一起，终于把 15 本高腔大戏、9 个折子戏较完整地记录下来。"不久，4 位老艺人先后去世，他们吐录的剧本成了弥足珍贵的遗产。

1962 年，东阳婺剧团排演的侯阳高腔《合珠记》赴杭州演出，获得好评，成为剧团的看家戏。

1964 年，东阳婺剧团排演了现代剧《独立大队》，对侯阳高腔做了较大的革新，受到群众的欢迎，曾在丽水剧院连演 10 场，场场爆满。

1985 年，东阳婺剧小百花重新排演侯阳高腔剧目《合珠记》。
……

遗憾的是，此后，侯阳高腔一直沉寂，直到 2004 年，抢救侯阳高腔行动再次开始。东阳婺剧团专门请老艺人陈志信、叶禄美夫妇从深圳赶回东阳，和老艺人韦秋园一起研究抢救方案。40 多年没登台的老艺人们，用近一个月的时间，天天起早摸黑，背台词，亮嗓子，练身段，终于将侯阳高腔代表作选段《合珠记》的《桥别》《敲窗》重新搬上舞台，并留下影像资料。

山重水复疑无路，柳暗花明又一村。正是一位位有识之士和老艺人的悉心抢救，让侯阳高腔几度免于淹没于历史风尘的命运，一次次劫后新生。

2007年5月，侯阳高腔被列入浙江省第二批非物质文化遗产名录。2008年，王正洪被评定为侯阳高腔省级传承人。2009年，东阳婺剧团被命名为非遗保护项目侯阳高腔传承基地，重新排演侯阳高腔传统剧目。2015年，东阳凭借侯阳高腔入选浙江省传统戏剧之乡。

非遗传承人口述：老树春深更著花

走入王正洪的家，就如同进入了他的艺术人生，墙上的照片写满昔日辉煌，柜子里珍藏着他收集的400多个剧本，小房间的墙壁上挂着各种各样的戏剧脸谱……

坐在沙发上，王正洪开始讲述他70多年的戏曲情缘。

我1939年出生，6岁开始学戏，因为家里太苦，日子过不下去了。我进的是王新喜班，是一个三合班。所谓三合班，就是高腔、昆腔、乱弹三合一。那时候，东阳的戏班都是三合班。我先在乐队里拜师学艺，大锣小锣敲了8年。

中华人民共和国成立后，王新喜班和老紫云班一起并到东阳剧团，后改称东阳婺剧团。在剧团里，我专攻武生、武丑。过去撒谷子的田，大约有15平方米，我能在一块田里翻25个小翻。1961年，我被借用到浙江省婺剧团，赴京演出《三请梨花》。怀仁堂那个台很大，我翻了35个筋斗。那次的表演，还得到了周总理的表扬……

那时我们还是演高腔、昆腔、乱弹，后来一段时间只演样板戏。

侯阳高腔折子戏《摆路头》参加在衢州举行的"浙江好腔调——高腔遏云"专场演出

再到后来，主要演乱弹、徽戏、半徽。但也有些新创作的侯阳高腔戏，有《独立大队》《春梅》《十五贯》以及几个小戏。

《春梅》是现代戏，说的是一个"投机倒把分子"阿富和一个知识青年的故事。我自导自演，演的就是阿富。那个戏被称为"戏剧中的金华火腿"，全省18个团来学习，但是我的表演他们学不来。为什么？因为戏里要推独轮车，他们都学不像。而我有推车的经验，那时候我们文艺工作者每年都要下乡体验生活，推车我推过

5个月。

我是1961年开始学导演的，这些年来在导演方面也很有收获。1990年，我导演的《三打王英》参加了"徽班进京200周年"进京献演。1997年的《江南第一家》也大获成功。

其实我没有喝过墨水，你想想，6岁就到戏班学艺了，哪里有学上？

后来，有老师到剧团里来，一个老师看我在煤油灯下认字，很用功，就送给我一本四角号码字典，教我怎么查字。这个字怎么写，怎么用，什么含义，四角号码字典里都有。我是全靠这一本字典来认字。现在你随便讲个字，我都能讲出四角号码。

2008年，我70岁，正好从艺65周年，喜讯传来，我成了侯阳高腔传承人。这时候，我骨子里那股不服输的劲儿又上来了。我琢磨着，论表演和导演，我是没有问题的；论侯阳高腔的韵律，我也基本熟络，因为我在乐队里敲大锣小锣8年之久，看得多，听得多，积累了一肚皮古老的东西。中华人民共和国成立后，我也演过不少高腔戏。

但是，我不会谱曲。我就打算专攻作曲，从2008年到2010年，三年时间，学会了基本作曲法，而且学会了工尺谱的基本运用。陈崇仁老师非常支持我的传承工作，送给我《侯阳高腔管见》《东阳侯阳高腔部分曲牌》《侯阳高腔曲牌选》《侯阳高腔初探》等资料，这些对一个传承人来说都是大有价值的。

2014年2月，我整理改编了《摆路头》。这原是个哑剧，有个特别的技艺——三屉头。三个丑角分别饰演老花、大花、二花，三人由低到高站立，配合滑稽的动作，很能吸引观众的注意。从前这是个会场戏，拼台用的。因为稀罕，是大家没有看过的东西，一亮相，观众会马上轰隆隆地过来。过去还有一个活无常抓小偷的哑剧，那是功夫戏，演员满台跑，爬上柱子，在梁上跑……很热闹。

《摆路头》是鬼神戏，说的是在鬼节七月半时，善心的人在十字路口祭奠孤寡冤魂，来了黑无常和白无常，分享他的祭品。因为后来禁演鬼神戏，《摆路头》就销声匿迹了。我也是小时候演出时看到过一次，一直念念不忘。

我把这个哑剧改成了有道白有唱腔的，还把表演内容做了修改，去除了一些鬼神内容，增加了贪官汤大才的故事。为了这个新增加的人物，我真可以说是字斟句酌、反复推敲。

可是，我心里也没谱，不知道这样修改是不是和非遗传承保护的原则相冲突。于是，我特地去请教了省里的专家，得到的回答是，非遗保护与传承的是精华内容，在传统基础上进行创新，值得肯定。我吃了一颗定心丸。

这个戏4月开始排练，三个演员蒋源、杜利芳、汤伟每天要排10多遍，非常辛苦。2014年6月11日，为了庆祝第九个文化遗产日，浙江八路高腔有史以来第一次聚首"唱堂会"，《摆路头》压轴。三屉头一亮相，就赢得了大家的掌声。20分钟的演出，笑声不断。我希望观众在笑过后能够思考，知道做人要安守本分，为官要清廉务实。这个戏的意义，并不限于恢复一种表演艺术，而在于如何让表演变成生活哲理的载体。

2015年，我又整理改编了《包拯首审乌盆记》，选用了很多高腔曲牌。2016年，我配合剧团排练了《三打白骨精》。

我还给自己定了个任务：画出50个三合班的脸谱。现在已经画了60个，有尉迟恭、雷震子、蝴蝶脸、八卦脸、鬼脸……脸谱是根据回忆画的，但也有创新。过去色彩没有现在这么丰富，很单调，除了红、黑、白，就没有别的了。

侯阳高腔《摆路头》排练剧照

侯阳高腔《合珠记》选段《敲窗》剧照

我曾经做过一首俚语诗，用来自勉：梨园耕耘历时久，桑榆暮景堪回首。艺途三考根底实，谙练生旦净末丑……诗里，我还写了"师古依然不泥古""推陈出新意愿求"。因为每个剧种的发展，都是通过横向借鉴或从山歌小调的基础上演变而来，没有"古有"的。

2019年，我80岁，正好是学戏75周年，但我还要登台演出，给自己留个纪念，我准备演变脸。我还有个更大的愿望，就是把手里的这个火炬燃得更加灿烂，然后，交给下一代去传承。

【延伸阅读】

侯阳高腔，诞生于浙江省东阳县，在明代时以当地义乌腔为基础，接受弋阳、余姚诸腔及本地山歌影响而形成的一种曲牌联缀体高腔戏曲，早于西吴、西安等其他声腔。

侯阳高腔经历了以下四个历史时期：一是孕育期。明万历初年，侯阳高腔孕育于义乌腔，义乌腔在东阳迅猛发展后，因受弋阳、余姚诸腔及本地山歌的影响，又有新的发展，俗谓"侯阳调"，后改称"侯阳高腔"。二是确立期。清初，侯阳高腔从义乌腔脱胎为独立声腔，当时班社多达60余班，巡回演出于金华、衢州、严州一带。三是三合班时期。清道光后，受鸦片战争影响，东阳一带的戏曲受到严重挫折，侯阳高腔便与昆腔、乱弹合并为三合班，时称"东阳三合班"或"东阳班"。四是复苏期。中华人民共和国成立后，侯阳高腔开始复苏。1951年，在由高腔、昆腔、乱弹组成的三合班基础上组建东阳婺剧团。1962年，为抢救侯阳高腔，胡梦兰等四位老艺人献出15本大戏与9个折子戏。是年赴杭州演出，又获好评。

侯阳高腔的流布以浙江东阳、义乌为中心，盛行于永康、磐安、浦江、金华、衢州等地，常演出于缙云、丽水、武义、建德、遂昌、松阳、台州、温州一带，远至江西上饶、弋阳、贵溪等地。

侯阳高腔的表现形式主要有以下方面：

一是侯阳高腔的音乐唱腔，既继承了曲牌联套、干唱帮腔、锣鼓助节等南曲传统，又保存了山歌体、上下句、五声音阶、级进为主、乡音土语等泥土气息。

二是侯阳高腔的角色行当。最早为12个角色，即生堂的老生、老外、小生、副末，旦堂的花旦、作旦渊（亦称贴旦冤）、正旦、老旦，花面堂的大花面、二花面、小花面、四花面。后增加武小旦与野杂冶。野杂冶作半个角色，习称野十三顶半网巾冶。至于三合班时期，又增加野小贴冶与小旦，共15个半角色。

三是侯阳高腔的表演艺术。侯阳高腔长期演出于农村草台、庙台，观众主要是农民与手工业者，从而形成夸张、大笔勾画的表演风格，古朴粗犷，雅俗共赏。

四是侯阳高腔传统剧目有《古城会》《平征东》《合珠记》等18本老戏。此外，尚有《琵琶记》《蝴蝶梦》《太平春》等13本正本和折子戏，其中多数是宋元南戏与明清传奇遗存剧目。剧目大多以武戏为多，在表演上有很大的包容性，做到文戏武做、武戏文做。

侯阳高腔创造了一系列精湛的武技和许多特殊的表演程式，并创造了戏曲的广场艺术等。最具声誉的是变脸与耍牙，此外还有抛叉、滚叉、僵尸跌、丢盔回盔等武技。此外，侯阳高腔还具有重要的学术研究价值，如侯阳高腔是研究明代义乌腔的珍贵剧种，也是研究南戏余姚腔的难得剧种。

2007年5月，侯阳高腔被列入浙江省第二批非物质文化遗产名录。2009年，东阳婺剧团被命名为非遗保护项目侯阳高腔传承基地。

手工织出的温暖

——东阳土布金华市级代表性传承人王松卿

◎章果果

果真"日月如梭"。织布机前，梭子来去如飞，一晃眼，42年过去了。

56 岁的王松卿织了 42 年的布。如今，她成了东阳现存不多的几位织女之一，或许是其中最年轻的一位。"千家夜机鸣，万户纺纱声"，这一农耕中国的日常交响，绵延了千百年，正在成为绝唱。

一

男耕女织是古代中国最日常的图景，那时候人们对天上神仙的想象也以此作为参照。所以，牛郎织女中的织女，虽然贵为天帝之女，但也年年机杼劳动，织成云锦天衣。而地上的女子们，织葛绩麻，织出各色绫罗绸缎。

最早的时候是没有棉布的。宋代以前，中国古人的衣料一直以丝、麻为主。等到棉纺织盛行，那是宋以后的事情了。明代宋应星的《天工开物》中记载"棉布寸土皆有""织机十室必有"，可见，当时棉花种植和棉纺织已遍布全国。

东阳也不例外。东阳土布最早的记载来自清康熙年间修订的《新修东阳县志》："（棉花）始植于明，各家多寡不等，无不种者……妇女勤于耕织者，以之易粟。"

几百年来一直如此，王松卿的母亲也是用织布来"易粟"。王松卿的老家在画水二村，因为父亲身体不好，一家六口人就靠母亲织布卖布为生。唧唧复唧唧，织布机的声音伴随着她的整个童年。清晨五点，织布机的声音已经响起，有时候到半夜三更还不停歇。

就这样，母亲把一寸寸的光阴织成一匹又一匹的布，然后挑着扁担走村串户地卖。一尺（尺为中国市制长度单位，1 尺约等于 33.33 厘米）布两毛八、三毛五，积攒出全家人的用度。

那是 20 世纪 60 年代。

在遥远的西方，早在 1765 年，珍妮纺纱机的发明揭开了英国工业革命的序幕。到了 1800 年，英国已经完成了棉纺织业的机械化。19 世纪，国外机制棉纺织品已经进入中国，之后，大型棉纺织厂开始建立。

然而，在乡土中国，"千家夜机鸣，万户纺纱声"犹有余韵。当时的东阳乡村，架起织布机织布的人还很多，土布依然是最主要的衣裳原料。当然，机器织成的洋布也已经进入人们的生活，"有洋布穿"是生活水平高的象征。

东阳土布

土布是相对洋布而言的。土与洋，对应着手工与机器、天然与合成。在洋布出现之前，土布不叫土布，它就是布。不过，它真是从土里"长出来"的。小麦收割前后，撒下棉花的种子。到了农历七月，大地上盛开出一朵朵棉花。九月授衣。女人的巧手，把洁白花朵纺成长长的棉线。染坊里的匠人采撷山上的草木，制成染料，进行染色。染好色的棉线再交回女人手中，一个个晨昏朝夕，札札弄机杼，完成从一朵棉花到一匹布的最后工序。

这匹布千变万化，成了人们的上衣、裤子、帽子、鞋子，以及蚊帐、被子、枕头、围裙、花袄、豆腐袋……一匹布与当时人们的生活息息相关。"足蹬布鞋头，身穿土布衫，日吃霉干菜，夜盖荷花被。"这是昔日东阳普通老百姓生活的真实写照。土布衫和霉干菜，甚至成了东阳人吃苦耐劳的精神象征。

二

王松卿也是穿着母亲的手织布长大的。

童年时，织布机是王松卿向往的大玩具。母亲一从织布机上下来，她就爬上去，装模作样地边织边玩。到14岁，她就正式开始学织布了。对于她的母亲，母亲的母亲，以及其他旧时女子来说，纺纱织布是从小就要学的必修课，织布手艺的好坏往往成为人们判定新媳妇是否心灵手巧的标准。

织布看起来简单，梭子一来一去，踏板一上一下。可是，王松卿说，她到了20岁才真正出师。

织布不仅仅是织布。在织布之前，还有一道道烦琐的工序。棉花采收后，要先绞棉花，除去棉花籽，然后，把棉花弹得疏松，再用纺车将棉花纺成丝，绕在棉玗上，接着是染色。如今，这些

织布

工序都可以交由别人完成。

染好色的棉纱交到王松卿手里，到开始织布，还需要七道工序，得花上半个月时间。

先是浆丝，用麦粉或米粉调成糊状粘在棉纱上，然后晒干。这样可以让棉纱更加硬挺，不起毛，便于纺织。

接着是拢纱，用拢车把浆好的纱绕成圩。

再是经布。根据花色需要，把不同颜色的棉纱，按一定规律绕在线把上。这些线是经线，所以，这道工序称为"经布"。经布是最难的一道工序，细致又烦琐。如果织的是花布，那么在经布的时候，心中就得有谱，不同颜色的纱线怎么排列，关系到最后能织成什么图案。

有趣的是，东阳人把经布称为耕布，就好像在田野里耕耘丝

线一样。这是很形象的比喻，在纱线田里，经布人穿梭其间，不停往返，手上无数根纱线跳动，缠绕成一幅色彩斑斓的画面。

经布是个手艺活儿，需要帮手，一个人是干不成的。如今，会经布的人已经越来越少。

经布之后是穿扣，把经好的纱线穿到扣上，再卸下。把布机组装好，接下去就可以载布了，就是把纱线卷到布机的后轴上。

再是棕布，把纱线一支一支穿进织布工具的"扣"上。这也是一丝不苟的活儿，不能有差错。

土布的幅宽差不多是固定的，但由于线的粗细以及织的疏密不同，需要的纱线根数也不同。王松卿说，她最多的时候用到了1200根纱线。"1200根都要刷一遍，一根都不能差。刷就要两天功夫。"

一切准备就绪，就可以织布了。王松卿的这台织布机已经用了30多年，松木打制。她正在织的这块是花布，图案繁复。四个梭子，四种纱线，红白蓝黑，根据花样不时变换，脚上还要踩踏板，外行人看得眼花缭乱。

织了40多年的布，王松卿早已熟能生巧，她有节奏地踩着踏板，梭子在千百条纱线之间灵巧穿梭，犹如弹奏一曲悦耳的民谣。织繁复花纹的布非常不轻松，甚至都不能和旁人说话分心，稍不专注就可能织错。

她的头脑里储存着非常精确的经纬线的排列组合，这个排列组合可以变换多种花样，如地笠花、水波浪、小八卦、大八卦、鸡眼布、十六点、三十六点、井字花……东阳土布常见的花纹就有30多个。

甚至，可以千变万化。"我们这里的土话说，花布花布，由你自己化。"王松卿说。当然，化不化得出，就要凭个人本事了。

"我这个大八卦花，别人就织不起来。我放到市场上去卖，其他人看不出来是怎么织的。还有人说，这肯定不是土布。"这是王松卿得意的一件事。

在更早以前，土布的颜色比较单一，后来随着染色技艺的发展，五颜六色的纱线开始出现，花布也应运而生。花布考验着女人的审美、智慧和技艺。巧手织出的花布，可以在市场上卖出更高的价格。而一个女人如果穿着稀罕的花色出门做客，必然被众人围着观赏赞叹，心里别提多美了。那是贫乏年代的人们少有的乐趣。

如同世界上没有两片相同的叶子，手织布的魅力还在于，每一块布都是独一无二的。机器织出的布质量稳定，然而毫无性格。但是，不同的手工艺者赋予了每一块布不同的味道，不仅是配色和图案的区别，还有粗细、疏密、深浅的变化……

三

20世纪80年代，工业化浪潮汹涌而来，改变了"男耕女织"这一中国传统图景，王松卿成了最后一代织女。

30多年间，大多数人家的织布机已经没有声息，甚至都已经不存在了。王松卿的妈妈一直织到75岁，现在年纪太大织不动了，平时就打打布带。像她这个年纪还在织布的，已经没有几个了。东阳土布织造技艺也成了浙江省非遗项目。

40多年来，王松卿的织布机只停了六七年，那时她和丈夫去广州做红木生意了。如今，织布早已不是生存所需，但这件从小就习惯的劳作，每天不去织两下总觉得少了什么，她的织布机仍然每天都响。

王松卿还把她家变成了一个小型的东阳土布博物馆，楼下放着拢纱机、织布机，楼上有许多纱线。她还专门辟出一个房间，作为土布的展陈室。一叠叠土布，最早的出自她外太婆之手，那块地笠花布是母亲在50多年前织的，其他的都是王松卿这几十年间织就的。此外，还有很多土布制品，如小孩的衣服和披风，主妇的围裙，婚嫁必需品花袱、鸳鸯枕、荷花被……乡土中国的记忆在这里复活。

那时的孩子刚刚降生时，得到的第一缕温暖，就来自母亲的手织布。棉的质地，靛青染的色彩，按照今天的说法，天然环保。婴儿的褓褓、围脖、披风，背负婴儿的背带，无不是土布制成的。孩子渐渐长大，四时衣裳，从里到外，也都是土布制成。那略略粗糙的感觉，正如母亲因为劳作而有些粗糙的手，给人不一样的安慰。

到了婚嫁之时，土布做的鸳鸯枕、荷花被、花袱是必备嫁妆。据说从前织嫁囡的布时，要把两个经头放在一边，讨彩句为"挂双"，意谓"夫妻双双同到老"。鸳鸯枕头是长方形的，两边各有鸳鸯与荷花图案，里面装上谷米豆麦。花袱是回娘家时用来包裹物品的。荷花被则丰俭由人，少则几床，多则二三十床。

一些人对荷花被还有记忆，那是儿时铺在外婆床上的被褥。被面上有着蓝白花纹，如喜鹊登梅、牡丹花开、花好月圆等，寄予着吉祥的祝福。被褥厚重，即便大冬天钻进去也是暖暖的，使劲儿嗅一嗅，阳光混合着草木的气息，正是童年时期在外婆那里获得的妥帖和温暖。

土布时代远去了，但这种妥帖和温暖时常被人惦记。正如盐野米松在《留住手艺》里所说："当没有了手工业之后，我们发现，原来那些经过人与人之间的磨合和沟通之后制作出来的物品，使用起来是那么适合自己的身体，还因为它们是经过手工一下下做出来的，所以它们自身都是有体温的。这种体温让使用它的人感到温暖。"

土布衣裳已经成为回忆，土布嫁妆作为一种风俗倒是保留了下来。现在，到王松卿这里购买土布的，几乎都是用作嫁妆。虽然不一定会用，但总归是一种念想。

如今，王松卿面临着几乎所有非遗传承人都面临的难题：如何让这门古老的技艺传承下去。毕竟，现在不太有人愿意花几年时间来学一门手艺了。有时候，她会受邀去一些旅游景点展示一下织布技艺，每次总能引起很多人的兴趣，年纪轻的出于新鲜，年纪大的出于怀旧。

欣慰的是，虽然土布织造快成了一门濒危技艺，但是在这个机器制造的年代，越来越多的人开始欣赏手工艺的淳朴之美。王松卿带着自己手织的土布参加杭州文博会，虽然土布价格不菲，但买的人还挺多。

她也想办法创新，与其说是一种创新，不如说是一种回归。她向村里的老人学习传统的扎染技艺，采集山上的草木果实自制染料，在手织布上扎染出好看的图案。接下去，她还打算和东阳横店大学合作，给土布设计出新的生命力。

【延伸阅读】

东阳土布用棉花织成，其纺织过程为绞棉花、弹棉花、纺丝、染丝、浆丝、拢纱、穿扣、整理布机、载布、棕布、织布、漱布。

纺织工具有：布机，织布用；竹篾棒，调门用；竹棒；栏杆棒两根；米筛或箩或门渊，放丝料用；竹杠；刷布帚两个，长30厘米；拢综纱，把丝卷到丝轴上用；纺车。

浆纱

土布的花色多种多样，有桂花布、平织柳条花、井字花、小八卦、鸡眼布、油麻芯布、三十六粒等几十种之多。

随着生活条件的提高，各种布料的出现与工业化织布的发展，用东阳土布制作服装已成为历史，东阳土布的实用性已无法体现，只在婚嫁用品上还有一定的市场，再加上织土布费时费料，成本高，效益低，因此其传承状况不容乐观。

古村飘出清丽墨汁香

——义乌木活字印刷术省级代表性
传承人王益均

◎林友桂

义乌佛堂古镇有一条小溪，它从赤岸镇而来，因而这条溪叫丹溪，元代名医朱丹溪的故乡就在这一带，小溪再向北数里（里为长度单位，1里等于500米），到达一座清代的五孔石拱桥，那就是光明村。王益均老先生的家就在这个小村里。他现年已90多岁了，村中上了年纪的人都称他"做谱先生"。

王益均13岁的时候，因为家里太穷而辍学，此时他舅舅陈运洪要到杭州给人做家谱，他就跟去了。有点巧合的是，陈运洪做家谱的手艺也是由他自己舅舅王萃果传授的。那时陈运洪印刷技术精湛，方圆数百里都有名声，因此他一年四季都带着王益均在各地做谱。

做学徒的头五年是没有工钱的，王益均从最平常的杂活开始做起，一边跟着舅舅学习排版印刷技术，一边看书认字，他仅读过三年半私塾，自学时经常会碰到不认识的字，不过幸好他那时不缺老师。当时参与编撰家谱的都是全村最有文化的人，王益均经常与一些秀才、举人打交道，因此他经常向他们请教，认字、读书成了他业余的乐事。认识了足够多的汉字后，刻字、排版就没有问题了。王益均说："这项技术看起来容易，实际上很难，我觉得自己好像有这方面的天赋，我的一个师兄比我早三四年开始学，但最后还是没学成。"

以前每处血缘村落几乎都要定期修谱，一般每隔16年至20年就要修一次谱，修谱是宗族自治组织的一件大事，族长及村中德高望重者延请专业修谱人员来村中制作，做谱者一般有六七人，挑着担子，担子中最重的就是一套木活字，此外还有雕刀、雕盘、印版、梨木字坯、排片木框、书画墨汁、白蜡、棕刷、针、线、钻、棉纸等工具和用材。

民间印书以雕版印刷居多，木活字一般多用于家谱印刷。首先是因为家谱印刷的周期比较短，一般三个月到半年，也有少数长达一年的，如果采用雕版，则时间上不允许。其次，因为家谱印刷中常用字的数量相比普通书籍要少，家谱用字主要为姓氏、皇帝名号、天干地支、数字、年份等，这些字的用量最多，重复率高，而其他字出现的概率相对比较低，恰好适合木活字的重复使用特点。最后，因为木活字相比雕版在重量上要轻得多，方便于从这个村到那个村的流动工作。

由于陈运洪自己没有儿子，又见王益均聪明能干，后来就把这做谱的整套家当传给了他。为了生计，王益均带着这套木活字工具走村串户到处给人家做谱，行踪主要分布在金华周边县乡镇及诸暨、绍兴、杭州、桐庐、富阳等地。他的这个印制作坊没有固定地址，哪里需要印制宗谱就临时搬到哪里，一般都在村中的祠堂内工作。"那时候我喜欢到金华、兰溪去做谱，那里的人对我很尊重，称我为'先生'，做谱时管吃管住，给的工钱也多。"王益均说。做谱时除了谈好的工钱，还有些其他收入。以前一些没有子嗣的富有人家，总要想法弄个儿子来继承家业，比如把侄儿或外甥过继过来，或者从外面买个儿子回来，不管是什么渠道，最后一道程序是想办法把这个儿子登记到家谱中去，因为如果不上谱，用现在的话来说就是"黑户"，当时叫"小姓"，是要被人瞧不起的。这个时候做谱的人权力很大，他们和村中负责编撰家谱的人（一般是族长）一起决定，让对方赞助一些钱财，或捐几亩（亩为中国市制土地面积单位，1亩约等于667平方米）田地，然后做谱的和编谱的就可以"坐地分赃"。比如，有一次一户人家为其过继的儿子上谱，"他赞助两亩田，我分到一亩田。一亩田给我，是搬不回来的，那么只能卖给人家。田搬不回家的，卖也不方便的，那就换成牛，把牛牵回来。"老人说起这些事，哈

哈大笑起来。在那个讲究宗族治理的年代，祠堂和族长在地方上拥有较大的权力，因此做谱的工作是非常体面的，虽然他们整天和墨水刷子打交道。那时候，做谱先生都身穿长衫，坚决不围围裙，象征他们是有文化的人，以示与普通劳作者的区别。

木活字印刷工序烦琐，王益均的大儿子王进说："用木活字印刷家谱，可不是一件容易事，刻字、检字、排版、校对、印刷、打圈、划支、填字、分谱、草订、切谱、线装等 20 道工序一道都不能少。"其实也不仅仅是工序复杂，从业者除了需要耐心地学习技术外，还必须要认识繁体汉字且能按照规律去捡字，一般人掌握起来很难，所以带个徒弟很不容易。王益均曾有过一个徒弟，学了不到一年，就到供销社去工作了。

1949 年金华地区解放后，王益均由于在村里的威望比较高，被村民选为农会主席（那时他在青口村），相当于现在的村委会主任。三年后，他经人推荐到金华工作，在湖海塘边上的养猪场养猪。

20 世纪 60 年代后期，经人介绍，王益均去了江西黎川，在那里有一家垦殖厂，是国有企业，此后王益均总算是安定下来，一直就在那里工作，先是做管理员，后来在垦殖厂的粮食加工分厂当副厂长，兼养猪厂的厂长。1973 年，小儿子王胜和他母亲也到了江西。十一届三中全会后，养猪

王益均在捡字

王益均在印刷

厂搞承包责任制，王益均的经济状况慢慢好转。1990年，王益均退休，在江西待了几年后才返回佛堂老家。

退休在家的日子比较清闲，于是王益均便搬出了自己的那套老家当。

王益均保存下来的木活字印刷模板共有两套，一套是舅舅传给他的，另外一套是他后来收购的。这些字模有六分（相当于铅字一号字）、四分（相当于铅字二号字）、三分（相当于铅字三号字）、二分（相当于铅字四号字）几种规格。字是繁体字，每一个字都用梨木刻就，因为梨木不易腐烂，最关键的是梨木遇水不会发胀，这样就能保证上墨时版面保持平整。在刻之前，要先给字胚刷上植物油，木头浸油后才更具有韧性，以防止在刀刻的过程中碎裂。舅舅传给他的那套模板，据说刻制于清嘉庆三年（1798），传到王益均手里已是第五代，这套模板因为一部分汉字过度磨损而被废弃，或因新做的家谱中出现一些以前没有的字而需要补刻新字，但是补刻的字由于年代风格、刻字人的修养等因素的影响，使其在字形上差别较大。

退休以后，王益均首先想到的是重修自家的王氏宗谱。他只身一人先后跑了佛堂、倍磊、含香、东阳、兰溪等有王姓的村子，收集各王姓的来源、迁徙路线、分支村落等信息。为了弄清王姓村民的世系字辈、生卒年月、婚姻墓葬、职业官职等，一家一户跑上三五趟是常事，跑上二三十趟也不足为奇。花了半年多的时间，资料收集齐了，他在家中摆开阵势，用木活字印出了《凤林王氏宗谱》。为了这本谱，他把全部退休工资都贴进去了。那时有人知道了他在印宗谱的事情，便找上他，让他老实一点儿，不要搞这些"宗派"的东西。王益均一点儿也不怕，理直气壮地跟来人说："国有史，县有志，家有谱，这是几千年文明历史组成

王益均收藏的木活字

的一部分。谱是历史根据，志、谱等文字记载的中华民族文明史，是世界史上独一无二的辉煌创造。"来人大概是受了他的感染，默默地走了。

做了自家的这套宗谱后，消息慢慢地传开，便陆续有人找上门来，希望王益均能为他们印制宗谱。看到自己的手艺又能派上用场，王益均很高兴，后来陆续又做了很多家谱，他那时根本没有想通过这个来赚钱，所以收费也不高。

2010 年，佛堂镇上的干部找到王益均，委托他用木活字将《傅大士集》付梓。王益均和他的大儿子王进一起，花了大半年时间，把这套书印了出来，共上、下两册。

王益均平时也喜欢婺剧，若是附近村子演戏，他会走上几里路去看戏。由于他从事的事情与书籍有关，年轻时就热衷于看历史故事，一些著名历史典故他都知道，所以他看戏，旁边的人若有看不懂的地方，他就是个现成的老师。

村里有了老年协会后，王益均就喜欢跟村里的老人一起，用

DVD 机看戏，为此他买了很多婺剧光盘。那几年老年协会的钥匙就是由他保管的，吃过午饭稍事休息，他就去那里先烧开水，等老人们陆陆续续来了，便一起喝茶看戏。大概到了 88 岁左右，因为年龄大了，他才不去那里了。

手头的这两套木活字，王益均也搞不清总数是多少，据说最多的时候有两万多个，但后来由于种种原因，散失了一部分。20世纪 40 年代时，王益均和几个人一起去给一个村子做谱，结果走到半路，就遇上了日本侵略军，大家扔了家当拼命地跑，待日本侵略军走后又返回去寻找，东西基本找回来了，但后来印制时发现还是少了很多木活字，如"石"字旁的字，直到现在也没能补齐。

前几年，光明村的老房子拆了重建，这两套木活字家当被搬来搬去，又散失了一些。

由于年老体衰，90 多岁的王益均已经无法从事正常的印刷工作了，现在镇里或市里如有非遗展示活动，一般是大儿子王进去做现场展示。经过几十年的耳濡目染，王进的木活字印刷水平虽然与父亲相比还有待改进，但已经可以满足一般的印制要求了。

【延伸阅读】

义乌木活字传统印刷术是我国为数不多的保留下来的木活字印刷技艺之一，继承了中国古代活字印刷的传统工艺，完整地再现了古代活字印刷的作业场景，有刻字、检字、排版、校对、印刷、打圈、划支、填字、分谱、草订、切谱、线装等20道工序。木活字家谱，是研究家族史、宗法思想等的非常珍贵的文献资料。

木活字印刷的工具有以下几种：

1. 刻刀。

王益均和他的大儿子王进

2. 枣木、梨木字坯。

3. 排片木框。

4. 带棉宣纸。

5. 书画墨汁。

6. 上墨、拓印棕刷各一个。

7. 装订工具，有针、线、钻孔用的手钻等。

然而，在印刷变得极其简单和快捷的今天，木活字印刷术的命运令人担忧。目前除了王益均及跟他学习木活字印刷的儿子之外，已很少有人愿意学习这门古老的技艺了。随着年龄的增加，王益均的视力听力逐渐下降，保护并传承义乌木活字传统印刷技艺成了一个刻不容缓的任务。

浙江是活字印刷术的故乡，毕昇于北宋庆历年间在杭州发明了活字印刷术。元代农学家王祯为了克服胶泥活字"难于使墨，率多印坏"的缺点，于元大德二年（1298）左右创造了木活字印刷术。在浙江，谱籍地为金华地区的存世家谱约有3000多种，居杭州、宁波、绍兴等地区之上，其中绝大部分是木活字印刷的。

但是随着现代印刷术的发展及印刷成本的降低，木活字印刷渐渐退出历史舞台，目前还在传承这门技艺的，只有义乌市佛堂镇的王益均。

王益均的木活字技艺至少可以追溯到出生于清咸丰年间的外曾祖父王孚魁，他生活在义乌市义亭镇稆畴村，大约在清同治初年就开始跟随祖上学习木活字印刷技艺。后来，王孚魁将他的技艺传给了儿子王萃果，王萃果又传给了外甥陈运洪。陈运洪是王益均的舅舅，生前居住在义乌市佛堂镇倍磊村，他从清宣统年间开始学习木活字印刷技艺，并最终把这门祖传的古老技艺传授给了王益均。

王益均家里目前还保存着大大小小 6000 多个木活字，有些继承自舅舅陈运洪，有些是他自己购买的，还有些是这几十年间陆续新刻的。他印刷的书籍中，同一页上的字体既有明清年代的，也有民国的、现代的，这些风格不同、来自不同年代和不同工匠的字体交织在一起，呈现出这一古老印刷文化顽强绵延的轨迹。

半生寂寞路　一帽婺剧情

——婺剧盔帽制作技艺省级代表性
传承人梅立忠

◎赵如芳

一方水土养一方人、一方剧。

爱烧面食的河南有豫剧，爱吃籼米的安徽有黄梅戏，爱喝黄酒的绍兴有越剧，爱吃火腿的金华有婺剧。

婺剧里的人物，不管是天上的神仙，还是水里的龙王，不管是高高在上的皇帝，还是人人喊打的小偷，头上都得有一顶盔帽。演员们要是不戴盔帽，顶着现代的小平头坐在龙椅上，即便不叫穿越，也叫穿帮。

有盔帽，就得有制作盔帽的人。现在，提起婺剧盔帽制作人，很多人会想到一个名字——义乌市婺剧保护传承中心的梅立忠。

渊　源

梅立忠今年 50 岁，武义县白姆乡梅岗头村人。

武义与金华水路相连，武义江水一路奔波，与义乌江水汇合，合并成金华江。梅立忠能学得盔帽制作手艺，与他父亲有关，也与这悠悠江水有关。

梅立忠的父亲梅孙福喜欢婺剧，曾是一名花旦演员。1949 年前，交通不便，武义大山里的毛竹要运到金华，一般是顺着江水漂流，人们俗称"放毛竹"。那时候，梅孙福每次到金华"放毛竹"，都要光顾一个地方——长乐戏院。

据县志载，长乐戏院建于 1925 年，位于金华师范附属小学对面婺江畔的城墙背上。戏院后面有个戏剧工场，梅孙福爱去长乐戏院看戏，也爱钻到戏剧工场里，泡在制作场地，学习盔帽的制作技艺。

婺剧是土生土长的农村剧，不少地方都有剧团或戏班，梅孙福所在的梅岗头村也不例外。1953 年，一个叫聂永堂的盔帽师傅来到了梅岗头村，帮村里的剧团修盔帽，修理地点就在梅孙福家，这是一次绝好的学习机会。后来，梅孙福所在的村庄要修盔帽，他和同村人挑着盔帽去了永康，看聂永堂是怎么修理的。就这样，他逐步掌握了制作盔帽的流程和技艺。

起　步

浪花能够不断拍击海岸，是后浪在推动着前浪。民间技艺能够传承，也是一代影响着一代。

"文化大革命"结束后，曾经活跃的剧团又重新组合，演员们再次聚拢起来，沾满灰尘的锣鼓准备再次在乡野大地敲响，可是，那些曾经光鲜亮丽的戏服、盔帽早已破烂不堪。

梅孙福学得的手艺，在此时大放异彩。1978年，他在家里开了盔帽制作坊，忙不过来时就让儿子们帮忙，年方8岁的梅立忠从此与盔帽结缘。从帮父亲生炭炉、熬牛皮胶、热好烫镔、剪样板做起，慢慢过渡到雕刻简单的龙头、小前额、耳朵等小部件。12岁时，他已能区分整堂婺剧盔帽样板的零配件，并归纳得清清楚楚。13岁时，他用父亲的样板完成了一顶木偶戏用的扎巾盔，包括焊接、沥粉、贴金、扎杨梅球等，都是自己独立完成。虽然这个帽子做得不是很成熟，但这是他盔帽制作技艺生涯迈出的第一步。

在学艺方面，梅孙福对儿子们要求很严格，卷草的弧线要圆润，头盔的比例要协调，风格要统一……这让梅立忠打下了坚实的盔帽制作基础。22岁时，梅立忠已能独立制作常用的婺剧盔帽。

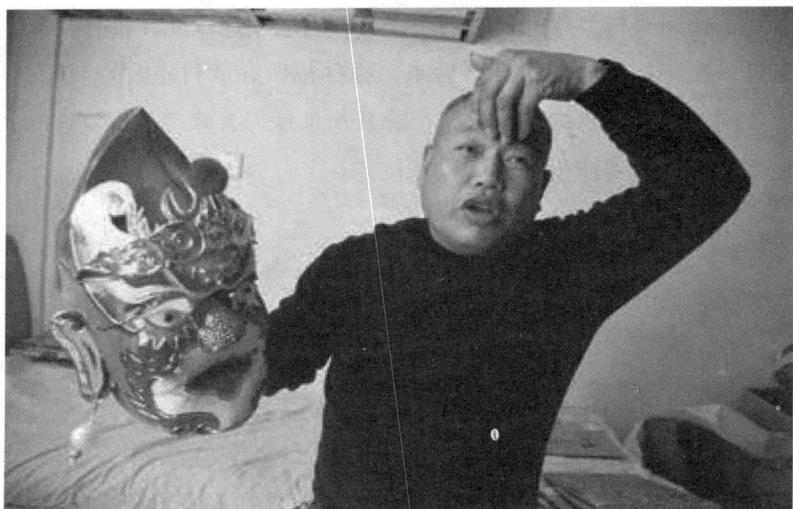

这个大魁星面具曾经获奖

点翠

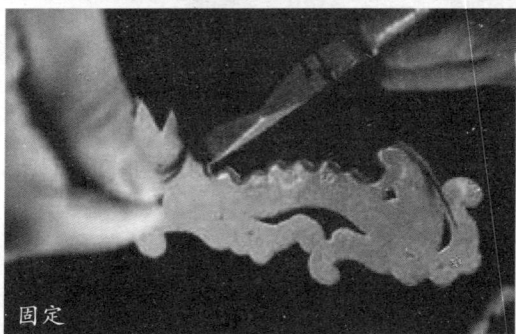

固定

沥粉

发　光

20 世纪 90 年代是戏剧团的黄金发展期，各个剧团都在招贤纳士，梅立忠的机遇来了。义乌市婺剧团缺一个盔帽管理员，对外招聘。

梅立忠的哥哥曾帮义乌市婺剧团修过盔帽，便推荐弟弟去应聘。梅立忠在这次招工考试中能脱颖而出，是两顶盔帽和两本设计图帮的忙。当年 6 月，他做了一顶狮子盔和一顶三扎盔，还做了两部戏的盔帽设计图。当时的义乌市文化局副局长兼义乌市婺剧团团长蒋群超带着这些作品去省文化厅开会，省里专家看后说："小梅一定要招进来。"

就这样，梅立忠进入了义乌市婺剧团。不久，团里要排新戏《义乌兵》和《临江会》，让梅立忠设计盔帽。六七十个角色的盔帽，梅立忠加班加点完成了。《义乌兵》的导演宋养俭是从安徽省剧团请来的，他看了梅立忠制作的盔帽后，语重心长地对蒋群超说："这人不简单，你要好好培养。"1996 年，凭借在《义乌兵》中制作盔帽的出色表现，梅立忠获得了由省文化厅颁发的盔帽制作单项奖。

之后，梅立忠先后为剧团制作了狮子盔、紫金冠、虎头盔、林冲盔等一大批盔帽。有些盔帽剧团之前没有，而新排的剧目当中又必须用到，他总能按照导演的意图制作出来。他还多次参与由义乌市政府主办的"商城之春""侨商晚会""歌咏大赛"等晚会的布景制作。

2013 年，梅立忠成为金华市非物质文化遗产婺剧盔帽制作技艺代表性传承人。2016 年，在第八届浙江·中国非物质文化遗产

博览会上，梅立忠设计的魁星面具获得了优秀奖。

钻 研

做婺剧盔帽，梅立忠的视野没有仅仅停留在婺剧的层面上。

2013 年，他到台湾出差，在机场看到了一本《敬天格物》，立马买了下来。书里的玉器上有不同的图案，龙的形状也迥异有别，他要带回家好好研究，看看这些图案有什么讲究。到陕西出差时，在历史博物馆看到青铜器、唐三彩，他也仔细观察上面的图案。

《中国古代人物服饰与画法》《中国昆曲衣箱》《美术设计图库》《吉祥图案·古典卷》《中国书画装裱》《明清家具图集》……这些专业的书籍，梅立忠都仔细研读过。不仅如此，《资治通鉴》《中华上下五千年》《中国通史》……这些历史方面的书籍，他也从中吸取营养。他觉得，一个品位高雅、文化底蕴深厚的人，才能在艺术设计领域走得长远。

正因为涉猎广泛，梅立忠对婺剧盔帽与其他剧种盔帽的区别了然于心。他家里保存着一套婺剧盔帽样板，其中大太监帽有三种，分别是上海版、苏州版和婺剧版。"苏州版是全镂空的，上海版镂空的地方用铁纱，婺剧版的帽子要小 1 厘米……"谈起三个地方帽子的区别，梅立忠讲得头头是道。一顶帽子，三种式样，小小的变化，是他视野广阔的见证，也是他追求极致的体现。

站在父亲的肩膀上，又长年孜孜不倦地钻研，梅立忠如今已经超越了父亲。就拿图案来说，父亲用的图案以卷草为主，他用的图案丰富多了，"万字不到头"、"寿"字、桃子、蝴蝶、蝙蝠……都可以置入盔帽中。

情　怀

梅立忠现在住在义乌市婺剧保护传承中心后面的宿舍里，40多平方米的房子被隔成两个房间，外加一厨一卫，一家三口都挤在里面。

在梅立忠儿子睡觉的房间，一张靠窗的桌子上摆得满满当当，那些东西几乎都与制作盔帽有关，如松香板、刻刀、泥塑、人偶、木雕、沥粉用的骨胶……桌子上有几格抽屉，里面也塞满了各种工具或材料，如从永康淘来的刻刀、从苏州淘来的花线、从上海淘来的点翠用的绸缎、裹在报纸里的凿子……

房间狭小，墙上人工装了好几个支架，支架上大多放着梅立忠做的盔帽或整理的资料。衣柜顶端也摆满了盒子，盒子外面贴着标签纸，这个盒子里装着铁钉，那个盒子里装着水彩笔，还有的盒子里装着美工刀、铁锤……

拥挤的地面也被梅立忠的"宝贝"霸占着，这块位置摆着一尊没完工的泥塑，那块位置堆了一把树枝，用来刮泥塑上的土……在这么多"宝贝"的"簇拥"下，吃饭的茶几只能靠墙站着，小板凳也只能躲在茶几下。

这些"宝贝"，梅立忠的妻子一度恨不得把它们全部扔掉，霸占着家庭空间不说，还不能生钱。

梅立忠自己也知道，他做的这些东西有文化价值，却不能产生经济效益。热爱这些东西的人都是戏曲从业者，外面的人很少来问津。何况，这些都是梅立忠纯手工做的，一项普通的帽子，如果只用业余时间来完成，要做十几天。这个价格该怎么算？有多少人愿意承受？目前，只有剧团里的人愿意成为他的消费者，

他们说："梅老师，你做吧，做起来我拿来装修房子。"

尽管这样，梅立忠还是不改初衷，逢年过节、亲朋聚会，别人在打牌聊天看手机，他一手拿刀一手拿木头，一刀一刀地雕刻着。现在，妻子也理解他了，不再视那些"宝贝"如垃圾。她明白，这些成果绝对不是一年两年能够做出来的。

传　承

前两年，梅立忠一直在做一件事情，整理、复制父亲的盔帽样板，还做些改进。

梅立忠有了紧迫感，父亲已经 80 多岁，自己也到了知天命的岁数，至今，他没收徒弟，也没人跟他学。他有意让儿子来学怎么制作盔帽，但读中学的儿子好像志不在此。何况，中学生早出晚归，作业已经很多，也没有多余的时间来学做盔帽。

梅立忠小的时候生活在偏远的农村，没接触到什么新鲜的事物，盔帽对他来说很新奇。而儿子生活在义乌这个国际商贸城市，展现在他面前的是一个花花世界，盔帽又是如此的冷门。梅立忠有紧迫感，却也理解儿子。

梅立忠复制、改进父亲留下来的盔帽样板，基本能够应对婺剧常用戏角色所需要。现在，他还在写书，写自己学艺的过程，以及制作盔帽的流程和技艺。有了这些，即便婺剧盔帽的制作后继乏人，也总算给后人留下了有价值的资料。

【延伸阅读】

传统婺剧盔帽又名"盔头"，它源于古代戏曲，而义乌腔是古代著名的戏曲声腔之一。自明隆庆万历年间，义乌腔开始流行于义乌,有关"义乌腔"的文字记载,始见于明王骥德《曲律》。数十年来又有弋阳、义乌、青阳、徽州、乐平诸腔之出。明末,义乌腔仍与海盐、弋阳诸腔同为当时影响较大的戏曲声腔,现已失传,其剧目、音乐及表演艺术特色记载甚少。传统婺剧盔帽是传统古装戏曲中剧中人物所戴冠帽的通称,主要指帅盔、草盔、凤冠等硬质冠帽,也包括鸭尾巾、罗帽等软质帽巾,按人物身份的不同分别使用,着重装饰性。

传统戏剧盔帽,以往大多到苏州、金华的戏装商店购买,破旧的由负责盔箱的人或找外地会制作盔帽的师傅进行修复。义乌戏剧盔帽的制作是由 20 世纪 50 年代武义人梅孙福之子梅立忠传入。武义县白姆乡下宅村梅孙福对于盔帽的造型美观、做工精细感到很有兴趣。1953 年,村里请来衢州盔帽师傅聂永堂为原有盔帽进行修理,他就开始产生想学做盔帽的念头,后来每次到金华,必去戏具场学习盔帽制作。通过努力,梅孙福逐步掌握了制作盔帽的手艺,在方圆几十里内较有影响。梅孙福的儿子梅立忠,9 岁接触盔帽,从帮助缝挑毛管,梳理制作杨梅球用的梧桐麻开始,到制作白脸、金脸、魁星、老寿星等脸壳的脱胎、贴纸等力所能及的下手活儿。后来用父亲的样板,梅立忠在其指导下制作完成一顶木偶戏用的盔帽。读书毕业后,梅立忠一直师从父亲学习油漆、泥塑、木雕和盔帽制作,22 岁时能单独完成盔帽制作。梅立忠到义乌后,为义乌婺剧团参加省婺剧节会演节目《义乌兵》制作盔帽,获得省文化厅颁发的盔帽制作单项奖。梅立忠制作的盔帽,既保留了传统婺剧盔帽的样式,又吸收了京剧、越剧等剧种的盔帽式样。

1.盔帽制作工艺流程

(1)用毛边纸或绵纸,用麦粉糊为胶,贴八九层打纸板,压实、

晾干。

（2）设计图案，开盔帽小样，按小样图案雕凿纹饰。

（3）铅丝拉直，外卷上棉纸，涂以糨糊。

（4）样板焊接成形，并用白胶或牛皮胶在帽架上圈上铅丝，卷边、包布。

（5）刷一道红粉和胶水涂料上色，等干后描出纹饰图案，淋上粉线。

（6）刷第一道底漆，干后刷贴金底漆。半干后贴上金银箔，罩金，刷漆。

（7）点翠，扎杨梅球、玻璃三色珠。

（8）装配成形。

2.盔帽制作所需材料

（1）马粪纸，用于制作盔帽整体骨架，易于雕凿，容易焊接。

（2）13~24号铅丝，绕上棉纸用以撑硬帽子骨架及制作弹簧。

（3）钛红粉，刷底色用，油漆为贴金银箔用。

（4）粉线。淋上粉线后，图案纹饰清晰，立体感强。

（5）虫胶漆，为区分金色、银色，银箔刷虫胶漆后能变成金色。

（6）杨梅球、泡珠，点缀装饰，美化舞台效果。

（7）牛皮胶或白胶。

走街串巷的手艺人生

——永康铜艺省级代表性
传承人蒋耀祖

◎林友桂

仙陵村位于永康盆地的最东边，这个村很小，只有 130 多户人家。铜匠蒋耀祖的家位于村西头，他家本来有两处老房子，前几年一处改建成了新房子，儿子蒋高潮和两个孙女住在那里，他自己则喜欢住在剩下的那间老房子里。那处老房子位于四合院的最深处，阳光很好的时候，会照亮院子里那些不知名的植物，也照亮了那些摆在门前的打铜工具。

每天天一亮，蒋耀祖就起床了，搬出喜鹊炉，放上木炭，拉起风箱。随后，院子里便响起了叮叮当当的敲打声。院子里还有三四户人家，都是老人，也很早就起来忙他们自己的事情。

永康人多地少，俗语云"七山一水二分田"。仙陵村近山，田地尤其少，蒋耀祖全家只有三分地，只能种点蔬菜，一家人的吃穿还是要靠榔头一点一点地敲出来。铜匠的活计，最重要的一环是用尖尖的锤子，将一块扁平的铜皮慢慢地敲成铜锅或铜壶。

以前仙陵村的男人们基本都会打铜，他们一般或师徒或父子结伴，一起走村串巷，"打铜修锁补铜壶喽"的声音一路回响。他们所接的活儿一般有两种：一是给人打制各种铜制的日用品，主要有铜罐、铜壶、铜火锅、铜火囱、铜秤纽、铜面盆、铜茶盆、铜烟筒、铜帐钩等；二是给人修补各种的铜器、铁器乃至瓷器。由于每个地方对铜匠的需求不一样，所以他们的活动地盘基本上是分散的，并且忌讳遇到同行，因此长期下来，某人在某地便有了固定的地盘，当地村民也只认定这个铜匠，偶尔来了个陌生的铜匠，他们是不买账的。蒋耀祖家世代都在磐安的冷水镇一带打铜，冷水镇在永康西边，虽然地图上冷水镇距离仙陵村有 20 多千米，但那时铜匠们走的是山间的小路，要走 30 多千米才能到。他们挑着大米和铺盖，从黎明时分出发，翻越五座大山，到冷水镇时已是日落时分了。

　　蒋耀祖没有上过一天学，8 岁时就跟父亲去磐安打铜了。他回忆说，那时他父亲在磐安的信誉极好，乡亲们遇到他们，就像遇到自己的亲人。他们到了那里，先在定点的一户人家安顿下来，之后吃住基本都在这户人家（他们在每个村都有一户定点人家），然后便开始挑起工具走巷串户去打铜，这样一村接着另一村。那时打铜用的铜材都是用铜钱熔化的。从晚清到民国，民间流通的货币慢慢从银圆和铜钱（当地人称铜板）向纸币转变，到了 1949 年后，铜钱停止制造和流通，因此在蒋耀祖年轻的时候，废弃的铜钱成了铜材的主要来源。那时一只铜罐，需要好几斤（斤为中国市制质量单位，1 斤 =500 克）铜钱熔化而成，这种熔化钱币制铜器的情况一直延续到 20 世纪 60 年代。20 世纪八九十年代以后，开始有人收购铜钱，铜钱价格提高，铜匠们开始购买铜丝，熔化后做铜器。

　　去磐安要经过壶镇的几个村子，他们有时也在那里歇息打铜。一日三餐一般都在东家吃，那时吃的最多的是玉米饼，玉米晒干碾成粉，然后加水和成面，摊在锅里烙成饼，吃的时候夹点霉干菜。

　　蒋耀祖说，20 世纪五六十年代时，工钱是用铜钱来算的，打一个铜罐，工钱是一百个铜钱，而打罐子的铜也正好需要一百个铜钱来熔化，所以他记得很清楚。后来工钱慢慢改用人民币支付，每只铜罐的工钱大概是六七元，打一只铜罐需要两天左右，这样的收入在当时算是比较高了。天一亮就起来，天一黑就收工，吃过晚饭一般就可以睡了，有时村里演戏还可以去看看戏。

　　到了农忙季节，仙陵村的男人们便陆续回家了，他们挑着沉甸甸的担子穿过金黄色的田野，看着村里的炊烟慢慢升起，觉得这是世界上最美的图画。到了春节，则更热闹了，连不种地的铜匠都回来了，孩子们在村子里东奔西跑，手里拿着父亲或哥哥从

打制铜锅

蒋耀祖的老院子

外地带回来的玩具。

其实在以前，不只仙陵村有这么多铜匠，芝英镇的各个村落乃至古山、石柱、龙山等镇的村子都有人外出打铜。永康打铜的历史与这里出过铜矿有关，据清道光版《永康县志》载："铜山距县五十五里，山故产铜，宋元祐中置场钱王、窠心二坑，课铜一十二万八千觔（斤），宣和中以课不及额，废。绍兴中复置课铜二千三百五十五觔（斤），又以苗脉微渺，采亦无获，废。"这说明元祐年间这里的产铜量还是比较可观的，但到了宋宣和年间就枯竭了。

蒋耀祖家祖祖辈辈打铜，根据他自己的记忆，起码可以往前追溯到四代以上，加上他儿子这一辈，至少有五代了。

20世纪50年代末，那时候农村不准村民外出打铜，如果要出去，需要到生产队开证明，且每个月要向队里交30元钱的"税"，因此那段时间村里基本上没有人出去打铜了，在家里更不敢打，村子里变得异常宁静，再也听不到叮叮当当的声音了。那时蒋耀祖去了武义，在岭下汤钢铁厂烧炭，当时武义和宣平是合并在永康的，去岭下汤不算是去外地，不需要介绍信。他在那里工作了一年多，每月发15元工钱，外加45斤大米。

20世纪60年代初，蒋耀祖和村里的其他村民去了30里外的太平水库工地，平时挑惯了风箱、喜鹊炉的肩膀挑起了黄泥，他们从库底将一担黄泥挑到大坝上，便领到一根竹签，每天结束后把竹签交给管理人员，按照竹签的数量来记录工分。

20世纪六七十年代，生产队仍然不准村民打铜，蒋耀祖便想到钓甲鱼卖钱，那时水塘中多甲鱼，且在市场上价格颇高。他先出去跟着有经验的人学习，看人家是怎么钓的，后来便渐渐掌握了方法，成了一个捕甲鱼高手。一口塘里如果有甲鱼，甲鱼就会

隔一段时间浮上来呼吸空气,这时手一挥,铁锤便飞了出去——钓甲鱼的钓竿与钓鱼的鱼竿基本一样,只是在吊钩上多了个铁锤。作为打铜高手,他的手比一般人要稳,挥出去的铁锤百发百中落到甲鱼的正后方,然后顺手一拉,便把猎物给钩住了。那时一切的努力似乎都是为了解决温饱问题,蒋耀祖除了打铜、钓甲鱼,还有一个特长,便是杀猪。跟打铜一样,他从一个村辗转到另一个村,那时杀猪的工钱很便宜,杀一头猪只有六毛八毛,不过有时运气好,一天能杀十几头,收入还是可以的。

1972年,美国总统尼克松访华,2月26日的接待晚宴被安排在杭州饭店。为了这次晚宴,杭州饭店特意通过政府部门将制作50套铜火锅的任务落实到了仙陵村。那时蒋耀祖才33岁,在他的带领下,仙陵村的十多位铜匠用了一个多月的时间,将铜火锅制作了出来,每只锅上都雕刻着梅兰竹菊,造型精美,显示了仙陵村铜匠的高超技艺。

20世纪80年代,蒋耀祖终于可以自由地行走在永康东部的大山之中,但这样的情况并没有持续多久。很快各种代替手工劳动的机器出现了,机器打出的铜锅比手工打出的要圆,且耗时短,价格低廉。似乎是一夜之间,手工制作就成了历史。在仙陵村的那个小小的四合院中,天空中年复一年飘下来的雨,使得蒋耀祖的铁锤、铁炉渐渐地生了锈。

2006年,出于保护非物质文化遗产的需要,政府对全市打铜工匠的情况进行了全面普查。2008年,永康铜艺被列入永康市第二批非物质文化遗产保护名录,并于2009年被列入浙江省第三批非物质文化遗产保护名录。2009年,当地非遗中心对打铜工匠重点村——芝英镇仙陵村进行了重点调查。作为铜匠中的代表,蒋耀祖终于又重新拿起了他的家什,邻居们又听到了院子深处传来的叮叮当当的声音。

后来，芝英镇开设了"芝英三宝"馆，蒋耀祖和钉秤的、做锡器的两位师傅把他们制作的东西陈列到了馆里，每逢农历初三、初八、十三、十八、廿三、廿八，芝英镇赶集的日子，他们三人便去那里坐坐，或当场表演，或和左邻右舍聊聊往事。展示馆的隔壁有一个五金店，店主叫黄高明，回忆起30多年前曾经和蒋耀祖一起挑着担子在江西、安徽一带揽活儿，他说那时很辛苦，有时没有地方睡，就找个凉亭、祠堂对付，没有吃的，就用随身的铜罐放点米加点水熬粥喝。由于媒体的宣传和当地对非遗保护的重视，手工铜制品这几年销路还比较好，很多人买去收藏或用来烧饭煮茶。有一次永康开办铜展会，蒋耀祖带去十几个铜锅，一下子就卖光了。

比起机器做的铜锅，蒋耀祖的手工铜锅既美观又好用且耐用，手工敲打出的弧线饱满且富有韵律，不像机器做的线条过于规整、

用铜锅煮饭

呆板，而且他在铜罐铜壶的口子上下了功夫，别人的口子是直接剪出来的，他做的口子都有包边，工时虽然长了，但用起来既不伤手，不易变形，且气密性好。他给村民做过许多水箱灶（俗称锅肚肠，砌在土灶中，在烧煮东西时附带把放在其中的冷水烧热），这些年土灶逐渐废弃不用了，那些被拆下来的铜制水箱灶，不管是用过十年还是二十年的，基本上都完好无损。

2016年，蒋耀祖的儿子蒋高潮获得了永康举办的首届匠人新秀奖，但他说与父亲相比，他的技术还有待提高，一块铜皮，一把锤子，用锤子把铜皮慢慢敲成圆形，他敲得总是不够圆，这跟手上的力度、眼力、经验都有关系。

【延伸阅读】

永康地处浙江中部的丘陵地带，人多地少，乡民历来有外出做手工技艺谋生的传统。铜艺是永康乡民外出谋生的重要手段，据《永康县志》（1991年版）记载，1949年，全县有铜匠2647人。20世纪50年代至70年代，永康每年都有数千人外出做铜匠手艺，足迹遍及本省各地和毗邻的福建、江西、江苏、安徽等省。

打铜修锁补铜壶，指的就是铜匠，它几乎成了永康人的代名词。

永康铜艺的传统工艺流程是：（1）熔铜。生铜可直接浇铸成铜铲、铜勺，而熟铜需先熔成铜条或铜板。（2）锻打。（3）剪裁。（4）焊接。（5）修饰。

由于传统工艺制作耗时耗力，打制一把铜壶或一个铜罐需两个工时。

永康铜艺的主要产品有铜壶、铜罐、铜火锅、铜面盆、铜火囟、铜汤罐、铜碗、铜箸、铜盆、铜门环、铜铰链、铜帐钩、水烟筒、铜赌具等，几乎涵盖各种日常生活用品。

　　永康铜匠的手工工具有风箱、圆炉、喜鹊炉、坩埚、铁槽、铁板、铁钳、各种锤子、各种锉刀、铁龙、弓步（圆规）、剪刀、铜尺等。

　　永康铜艺的主要特征为：一是流动型，无固定作坊，肩挑工具和铺盖，游走四方。二是单干型，师徒两人为伍，避开同行，单独行动。三是半工型，农闲出门，农忙回家。四是加工型，上门为用户加工和修理。五是手工型，无大型工具和机器，全凭手工技艺操作。

　　永康铜艺的重要价值体现在三个方面：

　　一是实用价值。由于铜器不易腐烂，光洁细腻，故深受民众喜爱。永康铜匠上门加工，既打制又修补，填补了农耕社会交通不便、用具匮乏的空白，为民众生活提供了方便。永康铜匠打制

喜鹊炉中的铜锅半成品

的铜壶、铜罐，底部加厚，经久耐用，一般可用两代。

二是文化价值。永康铜匠传承祖辈精湛的手工技艺，打制的用品很多都反映了古代的生活形态，体现了农耕社会原生态的风俗习惯，具有历史文化内涵。这些器物是我国农耕社会的见证，为社会学、民俗学和传统手工技艺的研究提供了宝贵资料。

三是工艺价值。长期的生产实践培养出了大批能工巧匠，他们聪明刻苦，技艺高超，打制出了具有较高工艺价值的铜器。

扎根 坚守 传承

——永康打铁省级代表性传承人胡岩献

◎吴越悦

下料、热熔、打扁、剁尖、做弯、淬火……

整个步骤熟悉得不能再熟悉。

熊熊的炉火、当当的响声、铮铮的铁骨……

小巷深处，胡岩献从 18 岁学习打铁到现在已经干了 58 年。

时代变迁，但他仍不愿放弃守了一辈子的职业。

记忆中的打铁匠，通常的装束就是戴个帽子，胳膊上套着一副袖套，腰上系着一个皮质的围裙，拿一个铁锤不停地叮叮当当，开始凿着一件又一件的铁制品。

如今，大家不需要钉马掌了，也不需要买镐头、锄头等农耕器具，种地开始机械化，一些铁制品也都可以在市场上买到。纯手工的铁制品工艺也渐渐地被机械化所取代，打铁匠这一职业逐渐淡出人们的视线。

扎根：
18 岁开始学打铁，已经打了 58 年

永康象珠镇清渭街，村落的历史已经有 1400 多年，尽管时代变迁，依然颇有人气。老街上店铺林立，从早到晚，来来往往总有些人。

胡岩献的打铁铺就在老街的中江路上，门前的土墙上歪歪扭扭写着"胡记铁店"四个字。铁匠铺显得有些寒碜，低矮的门槛，20 平方米左右的店里堆着无法清点的铁器，小房子黑乎乎的，只有透过一个小窗户和小门，才能看见里面的摆设。尽管如此，在胡岩献的眼中，这里却是很有序的，他可以轻车熟路地从屋里随手拿起一件铁器，开始认真地锤凿起来。

年初五，年还没过完，胡岩献已经开工了。他打了几个铁元宝，

寓意在新的一年，自己的打铁铺能生意兴隆。

炉里的火烧得正旺，他把铁条伸进火堆里，烧制的火候恰到好处，便把烧得通红的铁条取出放在铁砧板上，用尽臂力敲打着，每敲打一下，火星四溅。即便是这样，他一刻不敢耽误，卖力地为铁条铸型。

很快铁条成了型。一遍又一遍，手中的铁锤砸下去，铁匠的身体随着铁锤的反弹跃起，下落，再跃起，再下落。炉火、风箱、红铁、青烟、抡圆的胳膊，整个步骤熟悉得不能再熟悉。

火光映照得他脸色红润，汗珠随着敲打带来的震感迅速滴落。从敲打的力道和速度上，很难看出他是一位七旬老人。

胡岩献坚持的还是老式打法。在20世纪七八十年代的农村，打铁是门吃香的手艺，哪家的农具坏了，都需要送到铁匠那里修修补补或是打一个新的。

13岁时，胡岩献的母亲去世。15岁时，他的父亲也去世了。

18岁，胡岩献在家里实在熬

煮火锻打

不下去，就写信给在金华安地铁业社的堂兄，让堂兄带他出去学打铁。堂兄同意了，还回信让胡岩献带上一床被子。

那时候，胡岩献连床像样的被子都没有，背了50斤玉米到永康芝英卖掉换了点钱，车费花了1.2元，到了金华后，身上只剩下5角钱，正好可以坐车到安地。

胡岩献在安地铁业社待了七八年，那时打的都是农具。后来，他去了余姚铁业社。离开后不久，安地铁业社就开始改制，社内工作人员都变成了正式工。胡岩献为此后悔不已。在余姚，当时的工资是48元一个月。不久后，胡岩献到江西资溪开了铁店。

坚守：

在捶打每样铁具时，我很自豪也很快乐

再后来，胡岩献回到了家乡永康，结束了四处漂泊的生活。

一回到永康，他就花9000元钱买了一个空气锤。他做过9年的剪刀坯，是给几个剪刀厂做加工，一天能做300个，一个大概能赚4角钱。这些剪刀有些还是出口的。

后来，煤价上涨，铁价上涨，剪刀坯的价钱却不上涨，只好歇掉了。胡岩献还是干回老行当，开打铁店打农具。

1999年，胡岩献搬到了清渭街，他每天早上六点起床打铁，到晚上七点才收工，就算过年，也是赶着点开门。因为手艺过硬，甚至外省市的人都专程来买他打的铁具。

7年前，一位做笋罐头的客户找到了他，说是要买刀，用过知名商家的，也用过纯手工打造的，但是都不合适，后来一次偶然的机会知道了胡岩献，便找了过来。这位商家用了胡岩献打的刀以后很是满意，并成为固定客户。仅2016年，一口气就订了

200 把。

接了活儿，忙不过来时，68 岁的老伴陈美如也来打打下手，老伴是他的徒弟，也是他的助手。她抡大锤，他抡小锤（小锤是造型的关键），叮当，叮当，他们的人生之歌，用这样单调重复的节奏唱和了一辈子。

靠打铁，胡岩献在清渭街买下了两间房子。

他说，在许多人的印象中，手工打铁已经远离了人们的生活，大多数都被机器取代。其实并非如此，他的铁店，仅立春那天，就卖出了二十几样商品，不仅农村人需要，城里人一时也离不开。

胡岩献承认，现在的机器生产固然好，效率也高，一把菜刀手工打造需要一小时，机器几分钟就可以搞定。但是很多修修补补的活计，机器就未必做得了，这时就要找他这样的打铁匠。

"一炉二炭三钢四铁，当数手艺第一。"说起打铁的道道，胡岩献开口成章。他说，要打好铁，一是炉要生好，火大了钢会碎，火小了不黏融；二是炭要好，若有碎炭掺杂，火会"咬"钢，出现一个个洞；三是钢要好，必须硬而坚韧，弯而不断，反弹有力道；四是铁要好，铁也要有韧性，能与钢紧密融合。然后，"这四点若与手艺相比，当数手艺为首。菜刀要刀背厚而刀口薄，锄头尾厚而头薄……"胡岩献说，这些厚薄都必须依靠手力和眼力把握，而手力和眼力的提高必须依靠经验的不断积累。

纵然胡岩献一直在努力坚守，但是如今的打铁行业已渐渐被遗忘，胡岩献的生意早已维持不了生计。尽管如此，他并没有放弃这个老本行。"现在靠打铁生存真的已经是不可能的事，越来越多的人走出农村去城市打工，干农活的也越来越少。可是我还是喜欢与铁打交道。作为一个打铁匠，在捶打每样铁具时，我很自豪，也很快乐。"胡岩献说道。

传承：

带过不少徒弟，能坚持的不多；现代人离老手艺越来越远

2013 年，胡岩献被评为金华市第二批非物质文化遗产永康市打铁技艺代表性传承人。

年纪渐大，胡岩献也想到了传承的问题。胡岩献说，打铁是辛苦活儿。没有力量不能打铁，没有胆量不敢打铁，没有吃苦精神不愿打铁。"那几十斤重的大锤轮番起落，需要很大的力量与气度。"

他这一辈子锤打铁器，在这过程中，也带过不少徒弟，但都没有坚持下来。所幸，在前几年，老人从邻村收了一个徒弟。孔德元，42 岁，跟胡岩献学了几年的打铁技术，现在已经自己办了

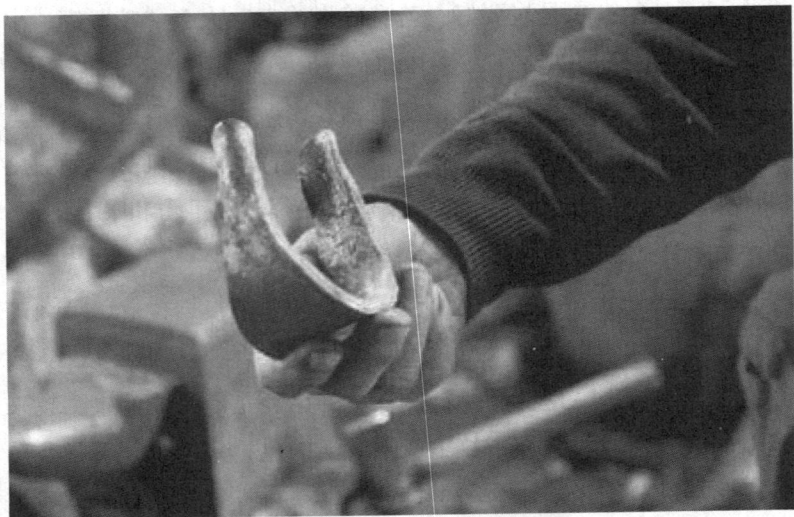

铁元宝，寓意在新的一年自己的打铁铺能生意兴隆。

厂，生意做得很红火。

2016年10月，胡岩献和徒弟孔德元一起合作参加了永康市首届"匠人新秀"技能大比武，一举获得了金奖。

在胡岩献年轻的时候，打铁这个行业是热门，是农村青年的出路之一。现如今，随着社会的快速发展，越来越多的制造业开始脱离了小作坊式生产，变为大工厂流水线式的规模生产。打铁这个行当也不例外，从最开始的铁铺到现在的锻造厂，集中生产已经将各地的铁匠铺吞并得寥寥无几。

在清渭街，原先有四家铁匠铺，但是现如今只剩下了他一家。

昏暗闷热的铁匠铺，胡子花白的打铁人，叮叮当当的打铁声，似乎在努力挽留着远去的时光。

始于战国年代的冶铁，在文明进程中，已经走过了2000多年的漫长岁月。

曾经街头巷尾可寻的铁匠铺，随着机械化的发展，会渐行渐远终将消逝在我们的视野里吗？那回荡在乡村的打铁声和最炽热的打铁铺也终将成为让人追忆的念想吗？

【延伸阅读】

永康打铁业历史悠久，据清光绪年间《永康县志》记载："土石竹木金银铜铁锡，皆有匠……"据1991年版《永康县志》记载，相传，唐代时方岩有人招募铁匠打制菜刀、剪刀和锄头，设铺出售，顾客竞相购买。明末，郑成功军中有永康铁匠王某，负责打制刀、斧、剑、锤等兵器。又据《永康县志》记载：民国十八年（1929），永康县有打铁从业人员1855人，民国三十七年（1948）增至5293人。中华人民共和国成立初期，由于社会安定，永康外出打铁人员有增无减，估计有8000至10000人。20世纪50年

代后期，各地都成立了手工业社，一部分永康铁匠加入了当地的铁业社，一部分铁匠回乡务农或继续外出流动打铁，游走四方。

手工打铁的工艺流程为：一是泥炭，木炭进炉燃烧前，需先在泥浆中搅拌，既助燃又省炭；二是熔铁，需掌握好火候；三是锻打；四是铲锉；五是淬火，打制刀锋用具，淬火是关键技术。

永康风俗，学习打铁先要拜师，俗称"认师爷"。学徒期为三年，学徒出师后先要替人当两年半伙计，方可收徒，外出行担开炉。

永康铁匠外出打铁，一般有两种形式：一是在镇头或较大村庄开铁铺，除学徒外雇一两个伙计。二是行炉，师徒两人肩挑打铁工具，走村串寨，流动作业，为各地用户打制各种农具、日常生活用品或手工工具。在漫长的农耕社会时期，永康铁匠适应了当时工业技术落后，交通闭塞，农具和用具匮乏的状况，为民众的生产生活带来很大方便。其小作坊的生产方式，保留着部分原始生产技艺，见证农耕社会的生产、生活风貌，具有一定的历史价值。永康铁匠走南闯北，历尽艰辛，造就了永康人吃苦耐劳、勇于拼搏、敢为人先的优良品质，形成了独特的五金文化。他们在改革开放的大潮中敢闯敢干、勤奋创业，成了永康五金产业的先行者，为永康五金的发展做出重大贡献。

随着科技的进步和工业化的快速推进，小作坊式和行炉式的传统手工打铁已被机械化和集约化生产所取代。自 20 世纪 80 年代以后，永康铁匠外出行炉打铁已经绝迹，小作坊式的铁铺在永康城乡也已寥寥无几。由于铁匠劳作辛苦，现在年轻人都不愿再学此艺，目前仅有少数年过半百的老铁匠在坚持旧业，传统的手工打铁业濒临消亡。

一锤一錾的传承，
35 年坚守不变

——永康打金打银省级代表性
传承人胡永清

◎吴越悦

打银，即制作银器，其实也包括制作金饰。自古以来，人们对银饰品的喜爱，使打银渐渐成为一种职业，打银铺也随之兴起。随着现代首饰加工业的兴起，手工制作银器利润低、耗时长，这门在火中锻造首饰的传统手艺，很少再有人问津。

胡永清，55岁，胡氏第32代金银加工店传人，第二届金华市非物质文化遗产打金打银工艺代表性传承人。他从16岁开始打银，坚持百年传统手工艺，在传承的基础上，还自己摸索着银饰品的创新。在他制作的首饰上，我们依稀还能看到过去特有的年代痕迹，是经典，更是岁月的沉淀。

近日，笔者找到了他，用镜头和文字记录下了他的银匠生活。

家里6个兄弟姐妹，就他一人选择了打银这门手艺

"五金之都"永康，从来都不缺敲敲打打的五金人。"打银器到石柱"，一直是永康当地人口口相传的一句话。

永康市石柱镇江瑶村，曾经一度是全国闻名的金银交易市场，20世纪80年代时，全村400户中近300户以打制金银为业。而2003年以后，江瑶的金银市场开始萎缩。至2009年，仅有五六间金银店，外出流动加工的工匠也很少了。

胡永清的金银老店就隐藏在石柱镇江瑶村一个不起眼的角落里，如果不仔细看，很难找到。店铺虽不起眼，但是在村里无人不知，只要随便找个人询问，下至几岁的孩童，都知道打金银的胡永清。

笔者去的时候，胡永清正在制作一只银手镯。

只见他从一根长方形的银条上凿取一段银料，用喷枪吐出的红蓝色火焰将银料高温软化，等其软化后夹取出来，银料瞬间发

红，用镊子夹起，然后敲打做出形状，如此反复多次。

一旁的木架台上搁着几块抽丝铁板。胡永清将加热软化的银丝一头削尖，而后从抽丝板孔中穿出，再用铁钳夹住尖头从孔中抽出银丝，让其变得细长。"制作银器是力气活儿。"即便和记者闲聊，胡永清的眼睛也只盯在手中，银丝经过敲击打造，在他麻利的双手中不停地伸展、变化……

做好手镯，胡永清将火熄灭，又拿起手镯，在模板上雕刻起印花，叮叮当当，清脆声在周边回荡。

此时，胡永清起身走到店铺一角，取出银块原料，沉甸甸的银块看上去像古代官银，这些银块都是四处收购来的。"纯度越高的银子越软，适合打造手镯、项链和戒指。一块银料的好坏，熔化以后就能看出来，好银较有光泽、白亮。"胡永清说。

至今，胡永清已经打了39年的金银，当时家里6个兄弟姐妹，就他一人选择了这门手艺。

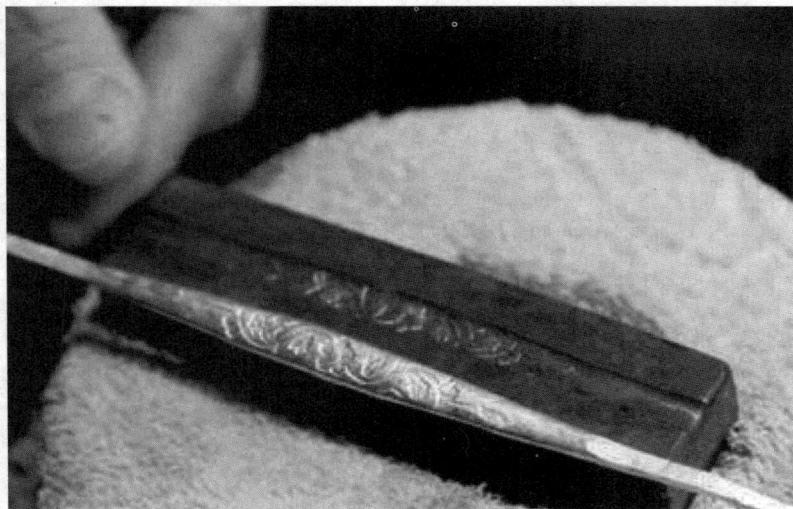

雕刻印花

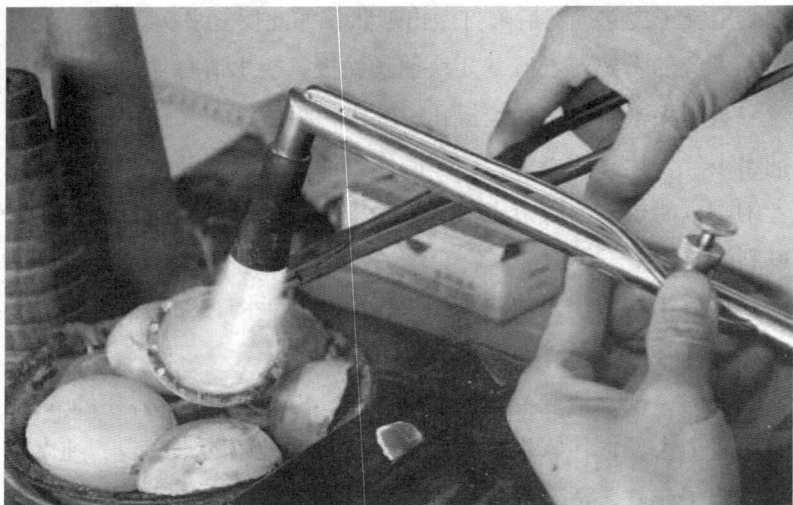

用喷枪将银高温软化

曾经带着四五个徒弟，活儿还来不及干

永康有句俗语："千秧八百，勿如手艺伴身。"永康以前人多地少，土地贫瘠，光靠种田根本养不活一家人，很多人会选择学一门手艺讨生活，很多人学的就是打金打银、打铁、打铜等五金行当。

胡永清最初的打银技艺是跟父亲学的，父亲之前是打锡的，虽然对打金打银也有所涉猎，但是技艺并不是很"专业"。为此，胡永清辗转于陕西、江苏等地求学，在外边待了四五年。

一条扁担，一个简易的炉子，一个吹风筒，这就是昔日银匠的简单工具。学成以后，胡永清开始挑着担子，拿着工具箱，挨家挨户地去给别人做加工。20世纪七八十年代，普通人的日工资是几分几角，而帮别人打个戒指，光是加工费就能挣到一两元。

金银是贵重金属，对于很多打金银制品的人来说，他们心中都有一杆秤，除了有好手艺，更重要的是要诚信。

"一些做金银首饰生意的人，会暗地里做一些小动作，从中坑消费者的钱，比如偷金子的克数，这样生意就做不长久。"胡永清说。

"那时候，没有过多的工具，所有的步骤都是纯手工。"胡永清说，"首饰的花样也很单一，比如项链，就是水波链、平板链。在价位上，也无非是材料上的区别。"

20世纪90年代，胡永清的银铺就在江瑶村落脚了，门面有30多平方米。街上邻居谁家订婚或有其他喜事，都来找他打些金银首饰。也有逛街路过的女孩觉得新鲜好玩，在店里买条手链之类的。

"订婚一套下来，戒指、耳环加项链，这三样必不可少。"那时候，胡永清从早上坐下以后，大多时候是没起身时间的，上门订制金器的人络绎不绝，催着叫他赶制的人也很多。

胡永清还记得，有一次两个从八字墙来的顾客找他打金器，因为需要赶制，所以一直打到凌晨两三点钟才结束。打完以后，两位顾客没有车，胡永清决定自己骑摩托车送他们回家。"那时候大多是黄泥路，摩托车又在路上爆了胎。大家一起推着车，走了很长一段路。"等找到修补轮胎的地方，把车修好，再把两位顾客送回家，胡永清回去的时候已经是早晨6点钟，天都亮了。

最多的时候，胡永清一天就要打十来样饰品，就算带了四五个徒弟，活儿还是来不及干。

坚持这个行当，更多的是对老手艺的恋恋不舍

时光荏苒，如今的首饰制作，早已放弃了古老的手工制作方

式，由此带来的便是手工银饰的利润一再被挤压，越来越多的老银匠选择了改行，或者随着时间的推移渐渐老去。

胡永清铺子上原本的大红招牌经过多年的日晒雨淋，如今褪色不少，生意也渐渐暗淡，虽然每天这里车来车往，但很少有人留意到这里还有间金银铺。

尽管如此，无论是选料、熔化，还是打磨、雕刻、焊接、清洗等工序，胡永清都极力做到精益求精。

而今，胡永清一家仍维持着祖辈传下来的这一传统手工艺。每一天，他都准时开门营业，等来的或许不是客人，而是来找他

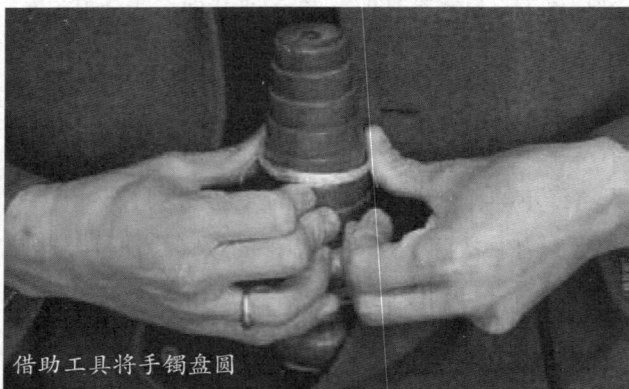

借助工具将手镯盘圆

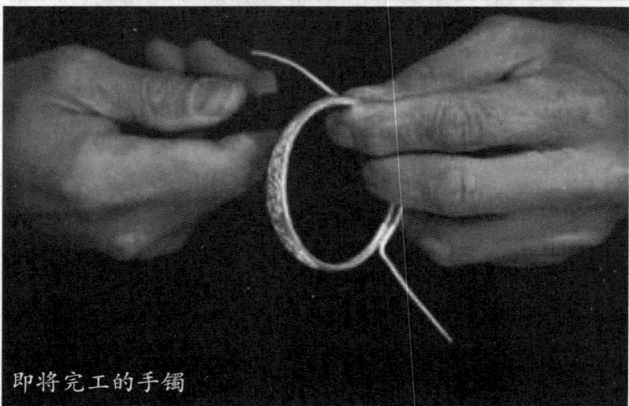

即将完工的手镯

聊天的街坊。

"纯手工金银器加工的老手艺由于费时费力，又赚不到钱，已经没有多少人坚守了。"对于几代人传承下来的手艺，胡永清两口子看得很珍贵。

现在，胡永清的金银器店不仅加工金银，还出售成品。

闲暇的时候，胡永清也开始自己摸索制造其他的银器。他做过碗、筷子、壶，每一次创作都很有成就感。

因为知道他的手艺，有些人也会找上门来，让他帮忙打制一些稀奇古怪的东西。

"前年的时候，还有人找到我说要打一只金手表带。"胡永清说。那位顾客找到他的时候，想用 150 ~ 200 克的金子打一只手表带，说是之前找了很多地方，都没有找到能打这个的匠人。"纯手工应该能打得起来，就是没那么漂亮。"胡永清虽然心里有些忐忑，但还是接受了这个挑战，答应用三天时间将这个手表带打好。"刚开始的时候，这位顾客还不放心，第二天还偷偷回来看了看，怕把他的表带拿到其他地方打。"胡永清最终克服了用金太多、活动的手表带很难做到高精准等问题，完成了这个挑战，顾客看到后也竖起了大拇指。

胡永清喜欢这种感觉，他说自己做的是金银饰文化，一路敲敲打打，历经艰辛。对他来说，坚持从事银匠这个行当，更多的是对老手艺的那份恋恋不舍。他靠着自己 30 多年来的一錾一锤，努力錾刻着自己美好的幸福生活，更靠着自己内心的一份坚守传承着古老的银匠技艺。

【延伸阅读】

永康是"五金之乡"，打金兼打银为永康五金工匠中一门

重要的传统手工技艺。相传，永康铜锡工匠早在五代时期已代代相传。清代开始，民间金银首饰逐步普及，一些工艺精湛的铜锡工匠纷纷转为打金打银行当。据 1991 年版《永康县志》记载，1929 年永康全县有金匠 46 人。1949 年后由于国家禁止金银流通，又由于当时社会风气崇尚俭朴，故永康金银匠陆续转为打铜打锡。但是在 20 世纪五六十年代，仍有一些金银匠偷偷外出打制金银饰品。至 20 世纪 80 年代以来，国家对金银流通逐步放宽政策，并随着人民生活水平的不断提高，金银饰品重新受到百姓宠爱，永康金银匠又纷纷重操旧业。

永康金银匠主要集中于石柱镇江瑶村。20 世纪 80 年代，全村 400 余户农户中有近 300 户以打制金银为业，其中约有 200 人外出流动加工，有 100 人在当地加工饰品并销售。江瑶村一度成为全国闻名的金银交易市场，每天有三四百人来此买卖金银和饰品，平均每天的交易量达纯金 2500 余克。2003 年以后江瑶金银市场开始萎缩，至 2009 年仅有金店四间，外出流动加工亦基本绝迹，只有 10 余户在外地开设金店。

永康传统打金需经过熔金、锻打、压模、整刮、回炉、焊接、清洗、精整等工艺流程，因黄金熔点需达到 1300 摄氏度左右，打金技艺工艺精细难度较高，所以在打金工匠中流传着这样的俗语："学会容易学好难，学精手艺难上难。"打金学徒时间多则一二年，少则多半年，但要学精，需一辈子。

永康金银匠打制的饰品古时有凤冠、发箍、龙凤金钗、金杯银盒等，现代主要是戒指、耳环、项链、手镯、脚镯等。

永康金银工匠的特点：一是历史悠久；二是游走四方，半工半农流动作业，居无定所，足迹涉及本省各县市及毗邻各省；三是手艺精湛，闻名遐迩。

在竹编艺术的道路上
不断前行

——浦江竹编金华市级代表性
传承人叶道荣

◎陈晓兰

他，56 年如一日，孜孜不倦追求竹编事业；他，发扬工匠精神，把竹编作品做到极致；他，毫无保留地传授竹编技艺，培养竹编后继人才。他就是金华市浦江竹编非遗代表性传承人叶道荣。

梅花香自苦寒来

叶道荣，1947 年出生于浦江县白林村的一个农民家庭，从小喜欢做一些手工活儿，小学毕业后跟着父母在家务农。一直到 16 岁那年，浦江竹篾社的一位竹编师傅应村民邀请来村里做农事器具。他偶然间看见那位师傅在编织竹篮，长长的篾条在师傅手里上下舞动，不一会儿工夫一个竹篮的雏形就完成了。叶道荣一下子被吸引住了，于是他主动要求去浦江竹篾社当学徒。因为心灵手巧，叶道荣被厂里的技术骨干潘子清相中，做了潘子清的徒弟，从此开始了在浦江竹篾社 3 年的学徒生涯。

在做学徒期间，叶道荣从最基础的刮篾开始做起，再到编织、剖篾、做农家具，一步一个脚印，扎扎实实地学习竹编技艺。仅仅学习刮篾就用了整整一年的时间，被篾刀刮破手更是家常便饭。竹编的基本功学成以后，就要跟着师傅到农户家里做农事家具，进行历练。那时候的交通工具就是两条腿，每天挑着沉重的工具来回走几十千米是常有的事。但叶道荣从不叫苦叫累，还总是抢着帮师傅干活儿，因为他知道，只有吃得苦中苦，才能学有所成。

一分汗水，一分收获。1965 年，浦江成立了国有企业——浦江工艺美术厂。由于叶道荣肯吃苦耐劳，再加上技术过硬，在他刚学成出师的这一年，师傅就带着他和另外 4 人一起到浦江工艺美术厂竹编部任职。叶道荣在厂里担任样品设计车间主任，主要从事竹编工艺品的设计开发工作，同时经常到各加工点辅导竹编技术。由叶道荣设计和制作的竹编样品销往杭州、上海等地，深受顾客的欢迎。1980年，浦江工艺美术厂的竹编产品由内销转为外销，产品主要销往日本，成为全县第一家外销企业。

1995年，作为国有的浦江工艺美术厂因经济转型而停办。厂没有了，但人才还在，技艺还在，顾客还在。正因为叶道荣技艺精湛，在日本客户中知名度很高，所以原来的日本客户纷纷找上门来要求他继续供货。叶道荣抓住机遇，趁势创办了浦江县畅明工艺厂，专门做竹编工艺品。就这样，他带着一家老小，雇了几个工人，租下了一个厂房，继续他的竹编事业。

浦江的水晶行业兴盛后，竹编行业逐渐冷清，工人们纷纷转行去做水晶。没有工人，订单做不出来，叶道荣的竹编厂也就办不下去了。2005年，叶道荣停办竹编厂，随后成立了道荣竹编工作室。没有厂房，家里的房间就是他的工作间；没有工人，制作竹编的每一道工序都自己做。由于在办厂期间叶道荣做出来的产品都销往日本，日方曾和他签订过保密协议，村里人只知道他在做竹编，并不了解他的技艺水平。2005年后，叶道荣工作室接到的竹编订单寥寥无几。一时之间，叶道荣全家的生活陷入困境。为了维持生计，孩子们都改行去做别的工作了。当时许多人都劝他不要再守着竹编了，但是叶道荣对竹编的那份热爱已经融入骨血，他又怎么割舍得下呢？没有订单，他反而更加能静下心来创作竹编作品，每天在家反复琢磨怎样把竹篾编织得更精细，怎样上色使作品更美观，怎样把竹编外形制作得更精美。经过几年的摸索实践，他创作出了竹编屏风、竹篮等一批优秀的竹编作品。

机遇总是垂青那些有准备的人。2011年一个偶然的机会，经人介绍，叶道荣带着竹编作品第一次参加在义乌举行的森林博览会。精美的花纹，精致的外形，精巧的技艺，他的竹编作品在博

览会上刚一亮相，就吸引了众多人的目光。在评奖环节时更征服了所有评委，作品一举夺得金奖。同时，他的作品也征服了市场，许多参加博览会的客商当场和他签订订单，随后全国各地的客户纷纷找上门请他制作产品，记者也竞相报道他的事迹。随着媒体的宣传和人们的口耳相传，叶道荣的名气也越来越大。

精益求精攀高峰

叶道荣把竹编当作自己一生的事业来追求，投入了全部的热情和心血。从设计到制作，从取材到刮篾、上色、编织，每一道工序都精益求精。除了吃饭和睡觉，他把全部的时间都花在竹编上了。为了方便就地取材，叶道荣种了20亩竹林，浦江主要产毛竹，竹子品种比较单一，于是他引进了紫竹、水竹、罗汉竹等新品种精心打理。竹编工艺品以立体为主，为了设计出更具观赏价值的竹编平面作品，他四处找人请教，从图案的设计，到材料的选取，再到颜色的考虑，几经修改，最终一幅栩栩如生的竹编《仕女图》应运而生，受到专家的肯定和好评。为了打破传统竹编花瓶的设计瓶颈，让这一作品更具新意，他在花瓶的编织上下功夫，里外共三层的编织设计令人耳目一新。凡此种种，不一而足。

为了开阔自己的眼界，同时加强和同行之间的交流，取长补短，近几年，叶道荣总是想办法参加所有的展览展会。文化博览会、森林博览会、工艺博览会，哪里都可以看到他的身影。叶道荣觉得，每参加一次活动总会有一些收获，有时对创作作品有启发，有时还能结交到不少朋友。2015年，叶道荣在义乌文化博览会上认识了一位来自四川的国家工艺美术大师，应大师邀请前往四川参观、考察，最后带着满满的收获回来。与此同时，叶道荣的竹编作品

《仕女图》
黄曙照 / 摄

双龙四季盒

竹篮　　吴拥军 / 摄

风格也随着时代的发展而不断变化。从最初讲究实用性的竹筐、菜篮等农事家具，到后来注重观赏性的屏风、花篮等工艺品，再到现在和生活息息相关的竹包、灯具等日常用品，各种型制作品无所不包。

2015年，一个更大的机遇和挑战摆在叶道荣面前。2015年9月，叶道荣参加了在永康后吴举行的金华市非遗手工技艺展示活动。他的几件竹编作品被观众传到网上，第二届世界互联网大会组委会的工作人员看到后，惊叹于他高超的竹编技艺，特意找上门来请他制作39座竹桥，用来摆放在乌镇互联网大会的餐桌上。叶道荣当时还曾犹豫不决：他从没去过乌镇，也从没做过竹桥，在不到两个月的时间里能把39座竹桥做好吗？但是他转而又想，如果把竹桥做好了，对浦江竹编将是一次很好的宣传与推广，于是他欣然应允。短短几十天时间里，他尝试了各种方法，终于做出了令人满意的竹桥。由此，叶道荣声名大噪。

几十年的深厚积淀，最终带给叶道荣丰厚的回报。自从2011年叶道荣第一次参加义乌森林博览会以来，竹包、船形花篮、屏风、茶笼、龙顶四季盒、紫竹篮等多个作品获国家级、省级金奖、银奖、铜奖。各种荣誉也纷至沓来，如金华市非物质文化遗产代表性传承人、金华市工艺美术大师、金华市工艺美术行业优秀人才、浦江县政府文艺奖获得者等。

丹心热血沃新花

叶道荣不仅自身技艺高超，而且对于许多慕名前来学习、请教竹编技艺的人员，总是免费传授经验，知无不言，言无不尽。他多次到全县各地上竹编课，2015年5月还受邀到金华市青少年宫教小朋友制作竹编，受到家长和小朋友的欢迎。

叶道荣至今培养了许多竹编能手，遍及全县各地。其中年纪最大的徒弟已经60多岁，到现在还跟着他制作竹编。此外，叶道荣的姐姐、儿子、儿媳全都是他的徒弟。为了培养出优秀的浦江竹编接班人，叶道荣可谓费尽心思。手把手地教学，带到各种展会上见世面，凡是叶道荣能够想到的，对徒弟们有帮助的，他都不遗余力地去做。大儿媳傅闪闪从嫁入叶家开始就一直跟着他学习、制作竹编。针对现代女性追求时尚的特点，傅闪闪觉得竹包会有一定的市场，于是他们很快就设计出了几种不同款式的竹包。一经推出，果然受到客户的青睐，接到不少订单。

2015年6月，叶道荣家里来了一位特殊的求学者——中国美术学院毕业的大学生张鹦鹤。张鹦鹤在网络上看到叶道荣的竹编作品和技艺展示等相关资料后，被他精湛的技艺深深折服，特意不远千里从北京赶到叶道荣家中拜师学艺。从6月到11月，张鹦鹤在叶道荣家一待就是大半年。这期间，她吃住都在叶道荣家，叶道荣不仅没有收取一分费用，还把自己的竹编技艺毫无保留地传授给她。因为张鹦鹤有比较深厚的美术基础，动手能力很强，学起竹编来得心应手，再加上小姑娘肯吃苦，只学了短短几个月就可以独立编织了。叶道荣还带着她参加了好几次文化部门举行的竹编技艺展示活动。师徒二人在展示活动中配合默契，受到现场观众的好评。叶道荣感叹，要是浦江能多几个像张鹦鹤这样可以静下心来学习竹编的年轻人，浦江竹编一定会大有前途。

有人这样问叶道荣："五十几年的时间，人生的大半辈子都花在竹编上了，每天做差不多的事情，不觉得厌倦吗？"叶道荣是这样回答的：竹编对于他，既是一项事业，又是一种责任、一份担当，更是一腔早已融入骨血的情怀。他将在竹编艺术这条道

路上一直走下去。

【延伸阅读】

　　浦江县多山，盛产毛竹，从事竹编的人不在少数。20世纪60年代中期至70年代，有专事或兼营竹编工艺的厂家，产品始销国内并渐次走出国门。竹编工艺品的制作，须选取上佳毛竹，按设计要求锯成段，再用篾刀剖为篾条；再把粗篾剖成粗细不等的细篾，用刮刀刮光两面，刮匀厚薄；根据工艺品成品的档次、规格、标准取三层篾，以利造型编织。民间传统题材的篮、盒、瓶、碟、盒担、凉席等竹编工艺品，既实用又美观。如盒担用途很广，凡嫁娶、婴儿满月、过生日、殡葬等红白事，皆可盛放送礼之物。而花瓶、壁挂、屏风、字画等高档竹编工艺品，则是办公场所以及家中客厅、书房、卧室等处的应景摆设和装饰。目前，浦江县民间技艺精湛的高手和名师已步入老年，断难胜任精细物件的编织，而当代的年轻人中又少有学习竹编技艺者，未来的接班与传承堪忧。

深山里的守望者

——浦江一根面制作技艺金华市级
代表性传承人周金华

◎潘丽云

当北方小麦陆续开镰的时候，浦江县潘周家村的村支书周金华就开始等待新年的面粉了。

这个时期往往是周金华一年中最紧张的时刻，当北方的面粉运到浙江省最大的面粉集散市场——义乌时，他就在第一时间开始调试面的劲道。即便是同一批面粉，也会因为产地不同而生发不同的劲道。对于制面人而言，劲道是生命线，它决定着面条的长度、韧度和口感。为进到最佳原材料，周金华耐心实践，直到出现他满意的面粉为止。然后，理想的原材料就源源不断地运到潘周家村。

对于周金华而言，制面不仅仅是为了生计，更是为了带动和发展全村的经济。1994 年老周当上了村支书，他面临的是如何帮村民摆脱贫困，共同致富。

潘周家村位于浦北，村子被群山环绕，山清水秀，却不被外人所知。它同中国所有的农村一样，曾湮没在时代的潮流中。村里的年轻人向往外界的花花世界，多数进城打工，村里只剩老人和小孩。周金华看着有些落寞的村子，心里十分不安。他曾尝试着兴办茶叶产业，囿于制茶技术等原因，不得不放弃了那想法。

传统观念里，只有手艺才能安身立命，在中国的乡村更能感受到手工技艺的温度。到 1999 年，老周突然想到，为什么不把老祖宗的手艺——手工面发扬光大呢？土生土长的他对家乡的制面过程是熟知的。每年 10 月天气渐凉的时候，潘周家村部分农民就开始做面。对繁复手工的精准控制，以及对天气的绝对依赖，让制面过程看上去像一场仪式。做手工面不是一蹴而就的，一般是晚上和面，和面的要求很严格，一斤面三两水，要加适量的盐，先将面粉拌成面穗，再揉成面团，揉匀、揉柔、揉光，将揉好的面团用擀面杖反复压滚，以便开条，之后就是搓面，整个过程速度不能慢，否则面会沁入太多湿气而疲软成泥，制面人只能靠经验来控制速度和力道。将面搓成直径约 8 毫米的长条。搓好后，码摆在盘中，在每层面上刷上适量的油，饧 1—2 小时即可进行加工。村民将加工好的长长的面条挂在一个个架子上，在阳光下晒干。存储起来，作为每天的口粮，或用来招待宾客，赠送亲朋好友。

周金华认定了这条路，说干就干。为了让面团更韧能拉得更长，他改进了揉面方式。当面粉揉成团后，将面团移至石臼，用大木杖反复捶打，直到打匀、打柔、打光，再用擀面杖反复压滚，之后开面、搓面、盘面。用大木杖打出的面果然更加细腻润滑。不仅如此，他还改善了面的存储方式。除了沿袭制作传统挂面外，他还在湿面的制作上下苦功夫。如何把面拉得又快又匀，保持鲜美口感？如何更长久地保存湿面？经周金华的不断改进，潘周家村的面不仅韧，而且长，一斤面粉可拉 150 多米的面条。在老周眼里，祖传面条吃的不仅仅是面，还是文化。古人做寿吃长寿面，寓意长长久久，为讨个好彩头，面条自然是越长越好。反复实践后，老周又独创了一种拉面形式：左手搭着盘好的粗面，右手将粗面向上向前往空中轻轻一甩，洁白光润的面条凌空起舞，它边舞边瘦身，等它稳稳落下时，已瘦了两圈。这种极具表演性的拉面形式让周金华有了新的想法——去表演，让面条走出大山。

20 世纪 90 年代，潘周家村还处在深山无人知的境地。周金华的改制面条犹如待嫁姑娘，急需好人家来提亲。21 世纪初，在全国声势浩大的保护古村落的号召下，浦江县大力保护开发古村落。这一政策如春风吹醒了沉睡多年的潘周家村。多年来，潘周家村只有潘家、周家两姓人家。潘家从安徽经桐庐迁居而来，周家从杭州迁来，两家都以耕读传家。仅清代，潘家就出了 55 个秀才、

参加《中华百家姓》栏目（《中华百家姓》栏目组拍摄）

6个贡生。这对于人口只有数百人、经营不过几百年的家族而言，甚是难得。周家祖上的周璠，是清道光帝老师戴殿泗的启蒙先生。他在家教书育人，与诗友唱和，留下了不少佳作。"数亩山田和德种，一黎春雨带经锄。"这是贴在老房子里的一副对联，恰似潘周家村人的写照。而今，书声已远，斯人已逝。培德堂、光裕堂、顺备堂……一座又一座的厅堂，大多已经衰败。光裕堂的天井里长满杂草，窗棂已经腐坏；六顺堂、永思堂、玉和堂等厅堂，木柱子被白蚁蛀得满是木屑。而这些古建筑，是悠久农耕文化的结晶，体现了潘周家村人与社会和谐共生的传统建筑文化、与自然和谐统一的传统生态文化。

在当地政府的扶持下，周金华将传统手工面顺势搭上了保护古村落历史文化遗产和打造特色文化旅游资源的班车，使苦于销路的手工面条获得了新生。

　　2006 年，周金华带着村民，带着祖传新创的手工面上了中央七台《致富经》栏目。由此，深山里的手工面开始家喻户晓。2007年，周金华趁热打铁，注册了"一根面"品牌。从此，潘周家村的祖传面条有了一个响亮称号。

　　为了让"一根面"走向更广阔的市场，周金华深信媒体的力量。2014年，周金华带着 160 多名村民来到了第八季《中国梦想秀》第四期节目的舞台，向观众展示了神奇的"一根面"绝活儿。拉面师傅周旭磊当场用两斤面粉拉成了 200 多米长的面条，由 164 位村民每人手握一段，足足绕了节目演播厅一周。为了证明面条的韧性，节目组嘉宾还截下一段面条跳起了绳，一段时间跳下来面条竟未曾折断。潘周家村"一根面"的长度和韧劲震惊了全场，获得满堂喝彩。周金华不失时机地介绍道："拉我们这个一根面需要适宜的温度，通常每年 11 月到次年 4 月是我们的开面季节。

制作一根面

为了保持面的韧性，我们会在和面的时候加入适量的食盐，所以煮面的时候需要多加些水来煮。"

当节目组问周金华的梦想是什么时，周金华说他的梦想是：希望在接下来为期 24 周的开面季里，每周都能够有外省的游客到潘周家村感受村里积淀了几百年的历史文化，品尝他们流传了几百年的"一根面"。这一朴实的愿望，不仅成功俘获了节目现场的观众，而且获得了梦想助力团爱心企业的帮助。节目播出后，潘周家村的一根面也引起了网友的热议，不少网友表示他们要组团去感受潘周家村的风貌。

周金华在檀溪小学展示一根面技艺　洪国荣／摄

如今，成栋连片的明清古建筑，镂空雕花，美轮美奂，堂内挂灯笼结彩球。在这样浓厚的历史文化背景下，潘周家村家家户户都制面。每年的秋冬季节是开面季，天气好的时候，村中心广场就成了村民的拉面场。一挂又一挂细滑如线的拉面一字排开，面如瀑也已成为村里一道独特的风景。就凭一碗农家手工面，潘周家村声名远扬，被冠为"面条村"。

时下流行的"美丽乡村"游，更是带动了潘周家村的"一根面"产业。节假日，三五成群的游客让静谧的山村热闹起来。他们参观古建筑后，最大的享受是尝一碗村里的"一根面"。一大碗面捧出来，上面是金灿灿的蛋丝，绿油油的青菜，底下是水灵灵的面条。用土灶和柴火煮的面别有风味，够长、够韧、够劲道。临走时，游客们还要带上几盒包装面。如此一来，村里的面再也不愁销量了。

说起传承，周金华一脸释然，自家儿子已经在接力了。村里的部分年轻人看到了这一产业的前景，纷纷回家制面，自立门户。老周与村民共享"一根面"品牌，共同致富。

眼下，老周还有很重要的事要做：第一，要让"一根面"走进校园，打造一个实践基地，让老祖宗的手艺走进孩子们的课堂；第二，要做大做精"一根面"产业，让传统技艺与古村落、乡村旅游完美结合。

走到今天，不得不说"一根面"是传统工艺与现代文化建设的完美共生，是村支书周金华心血的结晶。"一根面"品牌得以创立，除了传统的手艺，还有生存的信念，以及流淌在血脉里的勤劳、坚守和智慧。

【延伸阅读】

浦江县潘周家村的祖先们研制的潘周家手工面"一根面"，距今已有600多年的历史。因具有柔软滑润、嚼不黏齿等特点，特别适合老年人的胃口，故凡老年人过生日，大都要烧制"一根面"作为生日礼物。因"一根面"其状细如丝线，长达三四米，儿孙们祈祝老人的寿命能像面条那样长，所以又名"长寿面"。

潘周家村著名文人周璠先生常以此面招待文人诗友，潘周家手工面开始闻名乡里。

潘周家手工面"一根面"的加工原料有小麦粉、食用盐、山泉水。其制作工序复杂，所用工具也是特制的，有面架、面筷、面槌、面橱等，在其他地方很难见到。在村民眼里，"一根面"可不是普通的面条，它有着特别的寓意。面条长，寓意天长地久，表达了几百年来劳动人民对美好生活的向往。

从品牌创建到现在，潘周家村手工面共参加了由省、市、县组织的6次农业博览会，荣获2003年华东农交会优质奖、2004年浙江国际农业博览会优质奖、2005年金华市优质农产品金奖、2006年浙江国际农业博览会优质奖。2007年10月，潘周家村被金华市人民政府命名为金华市一村一品特色村。

铸造匠心　传承匠情

——武义大漆髹饰技艺省级代表性
传承人钟宏云父子

◎曹建兵

与其他村民不同，钟宏云脑后扎着马尾。这个在乡间格格不入的发型是他作为农民艺术家的鲜明特征，已跟随他多年。

武义大田乡宏阁村距离县城 10 多千米，钟宏云的漆香草堂工作室就在村口路边的田野中，红砖的外墙没有粉刷，这些临时建筑用了多年，看上去十分朴素。

坐在茶桌前，怀抱着一岁孙女的钟宏云一脸慈祥，笑容里甚至偶露羞涩，只有说起大漆时，才露出自豪自信和坚定的表情。

被大漆胶住的起伏人生

钟章法说，一起跟他学大漆的人，大多数人都在时代的浪潮里华丽转身，有的做起了家居装潢，有的改做现代漆器，有的改了行，只有钟宏云认定了大漆，不离不弃。

钟章法是钟宏云的大漆和漆画启蒙老师，他后来也放弃了大漆，凭着在书画上的造诣，70 多岁的他奔走在北京、上海等地，在江湖上闯下了"书画家中云雾造境第一人"的称号。

同门师兄弟改行后的日子过得风生水起，如今仍沉迷于大漆的钟宏云笑称："大漆是我喜欢的东西，被喜欢的东西粘住了，分不出身去赚钱。"

1964 年出生的钟宏云，14 岁开始学习做大漆和漆画，十七八岁就出师赚钱了。23 岁那年，他赚了点钱，回村里造了房子。五六年后，不安分的他为了做大漆筹资，把仅有的房子卖了，辗转于各地做工，直到 1994 年才定下心来办了漆香草堂，从事大漆髹饰技艺的传承和研究。但传统大漆和漆画都是慢工出细活，赚钱不易，漆香草堂多时招了十几个人，日子过得举步维艰。为横店影视城做一些浮世绘、金箔画、电影挂画之类的快餐式产品，

钟宏云在髹朱地　徐新荣／摄

成了其生存的必需。

　　如今的漆香草堂屋里屋外堆放着几十万元的打磨上过漆的木盒子，都是半成品。这些是工作室早期的作品，现代漆做的盒子其实也可以做得很漂亮，并且工期短，几天就可以完成，而大漆盒往往需要半年才能完成。对于外行，不了解其中的门道，但两者在健康环保、耐久性等方面有巨大差别，为谋生活而生产仿品成了钟宏云的心病。2000年，钟宏云想明白了一件事，坚定做传统大漆：今后，不大漆不（卖）出去，不满意不出去，不用大漆对不起自己，库存下来的都当柴火烧吧！

　　2009年，钟宏云搬到现在的临时建筑里。2014年，漆香草

武义大漆茶碗　洪兵／摄

堂被选定为武义县级非物质文化遗产传承基地。2015 年，武义大漆髹饰技艺入选金华市第六批非物质文化遗产名录，并于 2016年入选省级非物质文化遗产名录。2015 年，钟宏云被认定为金华市级非物质文化遗产项目传承人。

让大漆和瓷器"在一起"

在中国美术学院附近的一个工作室，看到有个姑娘用塑料纸封大漆的时候，钟宏云终于没有忍住，上去数落人家：不要用塑料纸，要用牛皮纸！

因为纯天然的大漆会自行结膜，用塑料纸会造成浪费，而选择牛皮纸，先用熬好的桐油薄薄刷一层再封上去，大漆不会坏，不会结痂，不会氧化，就不会造成浪费。把玩了几十年的大漆，钟宏云对大漆的情感很独特。本来是来中国美术学院学习的，但钟宏云对大漆的理解却成了老师的老师，这些都是他这些年自己摸索出来的。

大漆的生产非常不易，割生漆，去水分，加桐油，去色素……环节众多。而大漆用起来，也颇多讲究。钟宏云说，没有一个老师傅敢说自己完全能驾驭大漆，因为温度、湿度甚至制作人心情的变化都会影响到大漆的表现。每一瓶大漆都是不一样的，同一桶漆，上午用和下午用就会不同，手法上轻重不一样则效果就不一样！

2013 年 11 月 9 日，在杭州市萧山区跨湖桥文化国际学术研讨会暨中国漆艺术论坛上，中外专家认定跨湖桥遗址出土的漆弓是中国的"漆之源"，跨湖桥文化距今 8000—10000 年，比河姆渡出土的漆碗（7000 年前）更早。

坐屏　徐新荣／摄

现在我们所能看到的多是木胎漆器，其实陶胎漆器起源也很古老，但后来随着瓷器技术的成熟，复杂的大漆工艺离生活越来越远，漆器几乎成了奢侈品，甚至瓷胎漆器的工艺自清代后出现了断档。

让大漆和瓷器成功联姻，是钟宏云经过非常艰难的摸索后所取得的最耀眼的成就之一。

钟宏云最初的想法来自1994年，他第一次看到紫砂壶漆器。那时他开始思考，能不能把婺州窑和大漆结合呢？翻阅资料，他了解到大漆瓷技艺早已失传，甚至在故宫博物院大漆瓷的实物也极少。除了自行摸索试验，别无选择。可现实困境是，烧制后的瓷器的吸水率只有0.02%，大漆的附着非常困难；两种不同材质受热后的膨胀系数不一样，把大漆和瓷器烧到一起就更难了。

底漆配方的黏合力是关键。钟宏云选择了在婺州窑瓷碗上做大漆，开始了半年一轮回的破坏性试验，因为从一个瓷碗到完成全套大漆工艺需要整整六个月。

第一批40个瓷碗贴上米粒大的蛋壳复烧后，他把它们放在水里泡，在锅里煮，在火上烤……有的开水泡久了就完蛋了，有的是水里一煮就报废……"只一个下午，半年的功夫就白费了。"

精细地制作，认真地破坏，这样的破坏性实践历时数年，钟宏云的大漆瓷技术到2008年才定型下来，"感觉自己的技艺成熟了"。现在，钟宏云的大漆瓷成品可在200摄氏度的火上烤，比古人更进一步。武义博物馆的鲍仕才专门写了论文，称他在这一行里走在中国最前沿。

生漆过滤

炼桐油

调大漆灰

裱布

青出于蓝

漆香草堂以传承传统大漆髹饰技艺为己任，已恢复漆砂砚、瓷胎漆艺等大漆髹饰技艺，以及日常生产传统髹涂类、描绘类、镶嵌类大漆艺术品。

当下，只有一个徒弟在钟宏云身边学习，名叫唐飞，江西赣南人，大学毕业后慕名而来。钟宏云比较得意的三个徒弟如今都能独当一面。当然，最得意的弟子，莫过于亲生儿子钟奇君。

1987年出生的钟奇君长得白净帅气，高中毕业后就随父亲学习大漆手艺。所不同的是，钟奇君更了解这个时代，他把更多的精力投入古琴制作和探索金缮技术的工作中，并在网络上与爱好者们互动。古琴制作是他个人爱好的延伸，金缮则是他继承的传统大漆工艺里的一部分。

金缮是使用大漆技术修复残破瓷器的一门技艺。一件小小的瓷器，其修复工程可不小，造模具，做铜丝，交叉骨架，上漆灰夹布，用漆灰补平（瓷粉、鹿角霜粉等），上漆闭毛孔，磨平，上金……

钟奇君有着他父亲一样的钻研精神。钟奇君发现，传统金缮对于修复厚实的

瓷器比较有保障，但一遇到薄胎瓷就不行，因为黏接点不够牢，并且修复后很难耐高温。钟奇君借鉴另一种修补瓷器的技术——锔瓷，对传统金缮做了大胆创新。

钟奇君的金缮技术如今已取得较大改善。

最开始，他选择用金刚砂轮在瓷面上打深沟来完成修复，这样做的缺点是对瓷面有伤，不美观。后来，他在瓷器缺口的横截面上打孔，但因为杯碗之类的瓷器本身有弧度，用金属钉定位很难，所以修复起来既不容易也不美观。经过不断探索，如今小钟的金缮技术已日益成熟，不用金属钉而用漆灰灰钉做连接，这不仅解决了牢固度的问题，而且对外观没有影响。

宏阁村路边的田野里，红砖搭就的颇为简陋的工作室中，父亲钟宏云复原了大漆瓷工艺，儿子钟奇君摸索到了成熟的金缮技术。除此之外这个700平方米的工作室，还是钟宏云和妻子、儿子、儿媳、孙女的住房。在这里，你可以看到钟宏云一家的其乐融融。大漆髹饰技艺这一非遗传承项目，没有让钟家赚到大富贵，但让一家人生活祥和、内心饱满。安静作息，温和待人，坚定执着地在前人没有到达的技艺深处探索，似乎是这对父子共同的特征，这就是匠心。

【延伸阅读】

大漆又名真漆、土漆或老漆，用于传统家具油漆和工艺品制作，武义民间使用真漆的历史悠久，据实物考证至少可追溯到唐朝以前。如20世纪柳城畲族镇梵天寺出土的柏树棺木是唐代的漆器，出土后朱漆鲜红依旧；桃溪延福寺内保管有南宋时期的棺木，这些都是武义大漆历史已逾千年的佐证。

千百年来，武义民间广泛使用真漆来保护和美化古建筑、寺

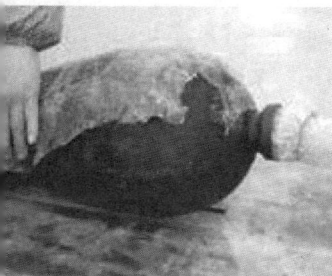

夹纻胎裱布

漆器打磨

推光

揩清

庙、木制家具、竹制工艺品，以及用作生产用具、防雨防湿制品、船舶等的表面处理。

使用真漆分制漆与刷漆两大项，使用的主要材料为真漆、生桐油、颜料、牛膏等，主要工具有牛角片、灰刀、木砂或铁砂纸、短毛和长毛刷子、煎制桐油的锅等。

制漆流程是选用当年出产的新桐油籽，按配方加入辅料，倒入铁锅中，用猛火进行熬制。当桐油接近于固体时，迅速将其倒在已清洁的摊料地上降温，冷却后收拾起来装入容器，用纸封盖表面，大漆就制成了。

刷漆就是通过取生漆、煎熬熟桐油、配熟漆、打砂纸、上推光粉、上色彩、漆真漆、保护、上蜡等工序，将大漆刷在器物表面。

因大漆在制作过程中会"叮"人，所以有其独特的风俗和禁忌：在大漆制作现场，要避免生人来往。传统制漆和油漆技艺具有环保价值、美学研究价值、民间实用和学术研究价值。

随着时代的发展，大漆油漆家具已逐渐被现代漆、化学漆所代替。大漆在市场上的需求已大幅度减少，但大漆的防酸碱和防腐性能是任何漆都难以比拟的，如造纸工业中所使用的竹簾因经常和水接触必须使用大漆。

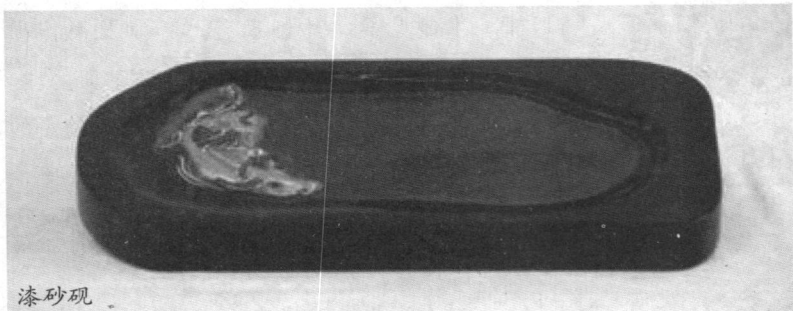

漆砂砚

磨漆彩绘酒坛

富贵平安坐屏

做的花灯，创新又好看
唱的歌儿，一人就是一台戏
——武义花灯花轿省级代表性
传承人程明法

◎滕 谦

在武义县桐琴镇东皋村，说起扎花灯的老人程明法，当地几乎无人不晓。

程明法是八旬老人，但看上去只有60多岁的样子，满头黑发，身姿矫健。说起养生秘诀，他笑称："这一方面得益于心态好，另一方面得益于能做能唱的锻炼，让我充满活力。"

花灯花轿的改良创新，令人眼前一亮

程明法是浙江省首批非物质文化遗产项目传承人，所代表的项目是武义花灯花轿。他所开发的18台"花轿迎宾"，人灯合一，惟妙惟肖。前后抬轿者均为灯人，坐轿者却是真人，人走轿抬，活灵活现，这一作品先后获得省、市、县民间艺术创作一等奖、优秀作品奖和中国第二届农民旅游节金奖。

在程明法的家里，他给记者展示了一架去年做的马车，一匹白马拉着一个用红绸装扮起来的花轿。"表演的时候，人就在花轿里推着轿子和马走，这两根不起眼的细线，连接着马腿，看起来就像是马拉着轿子在走。"程明法站在轿子里，边演示边说。

别看程明法年过八旬，他做的马车、龙灯造型却一点也不古板。他做花灯花轿的手艺是跟父亲学的，他的父亲是一名花灯艺人，逢年过节总要帮人做花灯。从13岁开始，程明法就给父亲打下手，慢慢地掌握了扎花灯的手艺。

但程明法又不同于传统的花灯艺人，他从小就喜欢琢磨，喜欢动脑筋制作一些独特新颖的东西。没事时，他喜欢细微地观察周边实物以获取灵感，看完后，就琢磨着作品的造型，比如马车就是在做花轿的基础上进行的创新。正是因为爱动脑筋，他制作出来的花灯作品往往令人眼前一亮。

每年到 11 月的时候，各地就会争相请他去做花灯或龙头。有一年春节，他为永康的芝英、古山等乡镇和本县的许多地方扎制了上千台花灯。元宵节时东皋村闹花灯，他一人就扎了 80 多台，有龙灯、风灯、观音灯和各种花卉灯等，把自己对改革开放、经济繁荣的称赞和对幸福生活的祝愿全部融入花灯之中，吸引了本村以及工业园区外来务工人员共 4 万多人前来观看，热闹非凡。

多才多艺，一人就是一台戏

程明法不仅心灵手巧，会做各式各样的花灯，还是一位多才多艺之人。

在程明法所住的老房子里，有一间颇具专业水准的视频工作室，里面摄像机、录像机、电视机一应俱全，还有幕布和各种各样的道具。在这间工作室里，程明法常常自己表演各种剧目名段，然后拍下来制作成 CD。他最擅长的是反串花旦，如《贵妃醉酒》《牡丹对课》等段子。有时，他还复制许多张自己表演的 CD，免费赠送给乡亲们。

程明法从来没有正儿八经地拜师学艺，他的所有能耐都是自己摸索出来的。1954 年，18 岁的程明法进了村里的业余剧团，开始跑龙套。没有老师教，他就自己琢磨，表演时认真投入。他回忆道：“那时候记忆力好，看人家演，记得牢，学得快。”

年轻时的程明法为生计所迫，去过许多地方。1958 年，他逃荒到江西，在街上看到有人教魔术，他在边上看了一会儿就看穿了，后来还能自创魔术。三十七八岁的时候，他外出养蜂，去了甘肃、四川、陕西等地。每到一地，有新奇的东西他都去学。几年后他回到家乡，村里的剧团解散了，他只好去街头卖爆米花，

程明法在自家的工作室里又打又唱

晚上就给大家讲故事。

改革开放后，程明法去了义乌做根雕。他说："当时我做的根雕在商城里是独一无二的，能用松球做出各种各样的小鸟。"后来，他用了近一年的积蓄买了一台录音机，在做手工活的时候，不停地播放戏曲名段，边干活边跟着唱。100多盒磁带的剧目，他跟着唱得滚瓜烂熟。"所以现在，你要我演几个小时的戏，一点也难不倒我。"程明法笑着说。

除了做花灯，演出道具也自己做

会做花灯会唱戏，程明法日渐拥有了一个广为人知的特长，就是"一人一台戏"——一个人在舞台上吹拉弹唱，表演婺剧、京剧、越剧、黄梅戏等戏曲节目，其间还穿插魔术表演、杂技。

一台戏演两个多小时，若让剧团来演，少说也要十几名演员，但程明法是一个人不间断地演下来，而且其中大部分演出道具都是他亲手制作完成的。

平日里，除了在工作室里唱练做打外，程明法就爱在工作室旁边的工具间里敲敲打打。工具间里堆满了各种各样的工具，为了做一个道具造型，他既是木匠，又是铁匠、焊工。如今，工作室里摆满了舞台演出所需的各种乐器和道具。

在工作室，程明法用自己制作的道具小小地露了一手。只见他把两个身着大红旗袍、手拎铜锣的美女模特放在身前，自己坐在后面，手拉二胡。鼓板声一响，锣鼓齐鸣，婺剧片段就热热闹闹地开演了。

那两个美女模特鸣锣击钹，活像真人一般自如。记者走上前一看，发现两个模特的手臂和腕关节都经过了特殊的改造，在演出过程中，程明法双脚控制两个模特，双手则演奏先锋号、二胡、笛子等乐器，同时还要击鼓、打板。他一个人就把一个剧团的事都做完了。

程明法的"一人一台戏"在乡村极受欢迎，经常受邀去演出。前些年，他还成立家庭剧团，祖孙三代一起演出，走遍了武义、永康、东阳、缙云、仙居、丽水等地，轰动一时。

程明法说，出去演出，只求高兴，钱多钱少无所谓。有一年，他应邀去武义上茭道的董村演出。那个村里有一位生病的老太太，闷闷不乐好多天了。晚上，老太太来看程明法的演出，一边看一边笑，程明法演了两个小时，她也跟着笑了两个小时。演出完了，老人的病就好了一大半。这件事让程明法很有成就感："看的人高兴，我就高兴。基本上我演出时，人是不会走掉的，因为我的节目五花八门什么都有，他们爱看。"

即使 80 多岁了，只要有人看，程明法仍然能够一口气地演上两小时，乐在其中。正是这样的好心态，让程明法依然充满活力。

谈传承，"若有人愿意学，我愿全部教给他"

由于扎花灯声名在外，每年各地都有人慕名前来，邀请程明法去做龙头或做花灯，这也成为他最主要的经济来源。"一般到元宵节后才会空下来，那几个月里，有时会有几万元的收入。"在成为省级非物质文化遗产传承人之后，程明法每年又多了 4000 元的补贴。

程明法说，现在日子好过了，儿女们都已成家立业，似乎没什么事情让他操心了，他本身爱好表演，现在可以全身心地投入到这个喜好里。平时他不抽烟不喝酒，不搓麻将不打牌，省下来的钱都花在购买制作道具的原料上。

说起花灯花轿的传承，程明法感到有些为难。一方面，做花灯是个精细活，往往一做就是一整天。他说："做花灯不难，但心要静，一点杂念都不能有。细心加仔细，才能把这门手艺活做好。"有时为了找合适的龙灯素材，程明法会细微地观察周边实物以获取灵感，看完后便琢磨作品的造型。从最初的用纸糊的龙灯到现在用布制作的龙灯，从复杂的手工绘图到利用自刻模板喷绘……他喜欢每年都要求自己有所改进，正是因为这样，每年他做出来的花灯总能吸引别人的目光。

"做学徒，起初肯定是不赚钱的，所以要耐得住寂寞，又要忍住经济回报少，所以没有年轻人愿意学这个。"程明法说。加上严禁燃放烟花爆竹的实施，对舞龙灯、迎花灯的市场有所影响，经济回报少了，学的人就更少了。如今，程明法的小儿子空闲时，会来陪父亲敲敲打打，给父亲搭把手，令程明法稍感安慰。

"我不是保守的人，若有人愿意学，我愿全部教给他。"程明法说。目前倒是有些老人觉得有趣，会来向他讨教，但能力十分有限，因为有的年纪大了视力不好，有的手不灵活，而且想象力也存在局限性，都不适合传承发展。时间久了，程明法也看淡了，他说："不强求别人学，何况光靠教是死的，要自己去悟，才能有所发现。"

【延伸阅读】

武义花灯扎制技艺，早在宋代便在民间广泛流行，尤其桐琴、赵宅、东皋一带的花灯式样和工艺在清代便负有盛名，曾出现许多扎制花灯高手。据《赵宅村志》记载，有赵仲全、赵扼奎、赵景云、徐李荣等扎制花灯高手，品种有花、鸟、鱼、龙、人各式，制作精巧细腻，造型大方美观。

代代相传的民间花灯到了"文化大革命"期间曾一度中断。1983年，桐琴赵宅村花灯艺人赵养生、赵养正、李云潭等人开始恢复扎灯，东皋村程明法等人恢复表演迎花灯、迎花轿，每年组织迎游活动，自此便未曾间断。他们扎的各式花灯细腻精致，造型逼真，色彩鲜艳，人物灯、动物灯均采用竹篾作架、麻绳捆扎、糊纸彩绘。花灯中的一些经典作品，博采众长，将综合艺术融会贯通，形成鲜明的传统特征，令人难忘。如喜鹊登梅、牡丹花、何仙姑、猪八戒、喜得贵子、玉兔、唐僧取经、四大美女等，技法精湛，令人叹为观止。

花灯制作主要工艺是取当地毛竹，用刀劈成竹篾，用麻线捆扎成设计好的各式灯架。其材料须使用三年生以上而较为柔软的毛竹，便于弯曲，且经久耐用。麻辫成丝缕易于捆扎，并且牢固。

棉纸纤维好，有韧性。彩色颜料色彩鲜艳。羊油透光性能好，又能增加牢度，防雨防潮湿。胶水、糨糊固定用。

制作工具有刀、锯、刨、剪等。

主要作品有：动物灯，造型有飞禽走兽、虾鱼鳖虫等，式样繁多，大小各异，如喜鹊登梅、牡丹花、玉兔等；人物灯，造型取材于戏曲故事等，如《西游记》《珍珠塔》"姜太公钓鱼""武吉砍柴""文王访贤""四大美女""喜得贵子"等。

行走在消逝中

——磐安高照马制作技艺省级
代表性传承人陈益民

◎徐　莹

春寒料峭。

山城磐安。电影院楼上一间装修简单的大厅里，一座色彩明艳、雕工细致、彩绘精美的二十四孝阁在日光灯的映照下颇为醒目。偌大的厅，右侧整齐地陈列着 10 多把新旧不一的高照和竹马，左侧摆放着一盏制作精美的亭阁花灯。

大厅的最里面有一张木桌，一位白发苍苍的老者坐在桌前，用手里的刻刀耐心细致地雕刻着画纸上那繁复得仿佛永远也雕不完的鱼鳞纹。这位七旬老人，就是磐安高照马制作技艺非遗传承人陈益民。大厅里那些精美喜庆的高照和二十四孝阁就是他一刀一刀刻出来，一笔笔画出来的。那些表情生动、形态各异的历史人物，也是他一个个用泥捏出来，画上五官表情，再穿搭上他和伙伴们手工折好、画好的衣物、服饰和配饰……

曾荣获中国民间文艺大奖"山花奖"的高照马，其制作过程融合了木雕、剪纸、折纸、绘画、泥塑等几大工艺，因其纯手工制作，绝对原创，纸雕刻绘容易变色，成品难以保存，目前唯一的传承人还没有一个能承接整套工艺的接班人，而显得弥足珍贵。

融合多种工艺，独具特色的道具舞

磐安高照马也称"高轿马"，是古代用来颂扬英雄人物而逐渐形成的一种民间艺术形式，主要流传于磐安县安文镇一带，融合了多种制作工艺，是一种颇有地方特色的道具舞。凡是闹元宵等重大节庆活动或庙会活动，高照马都要参加表演助兴。

磐安高照马通常每年下半年开始制作，一般需要两个多月的制作时间。高照马是一种以走、唱为主的道具舞，一般从正月初七、初八开始，高照马表演队伍就会到邻村或受邀请的村中去踩街演

走阵　马时彬／摄

出,意在庆贺丰年、祈求来年风调雨顺,表演会一直持续到正月底。也有的在农历八月十三日前后兴胡公时上演。

　　高照马有全堂马和半堂马之分,参舞人数在50人以上的为全堂马,少于这个标准的称半堂马。整个表演队伍一般有高照24把,白马18匹,彩车6辆。车马行进次序为香灯引路,执事、旗牌开道,接着是吹打乐队、舞队随后。舞队排列按4把高照相间3匹白马,后随一彩车的顺序重复组合。逢遇村庄的大门堂、广场则拉开场子进行表演,乐队等仪仗立于一边。形式有团灯、

双开门、梅花阵、田字阵、六角阵（六角阵分外六角、内六角）、八角阵（八角阵分外四角、内四角）。其中，八角阵造型最为壮观。走完阵式后，持高照佛和扮骑马人圆场后散于四周，面朝观众站立结束。

接下来，由各车夫推着彩车同时登场表演，在器乐伴奏中且歌且舞，歌调通常为民间小调。车夫不时与车中"姑娘"或围观者戏谑、打趣，语言神态滑稽搞笑。车夫手扶车把，推推拉拉，推时，头、颈、胸、背下沉前俯，弯腰凸臀，屈膝踮足，碎步前进；拉时，仰头挺胸，脚尖着地，碎步而退。车内的"姑娘"与车夫配合默契，舞步进退有序、快慢有致。

整场高照马演出看得人眼花缭乱，营造出一派喜庆热闹的气氛。

原始工艺加创新思维，高照马斩获"山花奖"

高照马的表演形式是受官员出行的仪仗队排列启发演变而成的，即头旗在前，鸣锣开道，高照相当于旗牌，还有骑马的、坐车的。可以说，高照马的产生是民间对古代官文化的模仿，并形成自身的价值判断和艺术情趣。高照马充分体现了当时民间对科举制度的推崇以及对教育的重视，人物系列尤其突出文武状元特别是文状元的地位。

高照马由高照、马和车组成，制作工艺精良，人物造型生动，一批能工巧匠通过剪纸、雕刻、雕塑、绘画、粘贴等工艺，使得每一个高照中的人物都活灵活现，能让观赏者们看到许多经典历史故事。早期制作中，每把高照分上、中、下三层，上层和中层是正面人物系列，如玉皇、唐僧、岳飞、文武八仙、"一门三进士"等系列人物；下层制作的是秦桧等奸臣，体现民众爱憎分明的历史观。随着时代的发展，高照马逐渐演变成只塑造正面人物，主要有历史人物、信仰型人物与生活型人物三大类。

磐安高照以二十四孝阁为龙头，其他十八把高照主要集中于人物形象、花卉图案、几何图案、灯笼花篮、亭台楼阁五个系列的造型上。磐安高照与其他地区不同，不以高大著称，而以精致的造型见长。每把高照的人物或花卉图案因民间艺人的创作方法不同而有所不同。

高照，高 1.4 米，宽 1 米；二十四孝阁，高 2.3 米，直径 1.2 米，依木结构框架糊纸，以平面图案为主。这一部分主要采用剪纸、刻纸、折纸、贴纸、画纸 5 种工艺方法。高照的基座共 5 个平面，基座的最底层与上层均是用剪纸工艺做成的寿桃图案，并用彩笔绘成红色。基座每个平面均为长方形几何纹样，中间为一个圆形，用箔纸贴制，箔纸绿红相间，四周配以双金田（两个铜钱）、梅花等图案。5 个平面之间用金线贴纸表示空间区分。

竹马的制作则以竹篾扎制马的身体骨架，并配以糊纸、糊布、彩画等工序，近年来逐步开始用布代替纸。

彩车的制作以杉木为架构，模仿花轿造型制作，并围上红布。

磐安高照以红、黄暖色调为主，间以青蓝色，色彩明艳，对比强烈。整体造型艺术突出形态各异的人物形象，特别是二十四孝和科举时代"一门三进士"的人物图案，对于读书知理、光宗耀祖、安邦定国等传统价值观的弘扬有一定的社会引导作用。

磐安高照马制作非遗传承人陈益民在制作二十四孝阁和高照时，积极引入创新思维，在二十四孝阁内层装设电机，让内层匀速转动，从外层观赏时颇具动感和立体感。为了改善传统颜料容易褪色的现象，在制作彩色贴纸和人物彩绘时，他尝试采用添加了天然矿物的颜料，让彩绘色泽明艳，画面灵动美观，人物栩栩如生。彩绘的每一笔都会描三遍，分别是深色、浅色和白色，因此他的作品画面层次分明，立体感强。

2011年，磐安高照被列入浙江省第四批非物质文化遗产名录。2013年2月，磐安高照参加金华市"龙蛇贺春"灯展，荣获金奖。2013年11月，第十一届中国民间文艺山花奖民间灯彩大赛在江西婺源开赛，全国有12个省52支代表队参加，评出13个金奖，再从中评出5个"山花奖"，磐安高照马代表浙江省参赛并获得"山花奖"，这也是磐安文化参赛节目捧回的首个国家级奖项。

后继乏人，高照马行走在消逝中

说起高照马制作技艺的传承和高照马作品收藏的不易，磐安县非遗中心主任周琼琼愁云满面。她说，高照马的主要部分是纸糊的，而这些经过剪纸、刻花、彩绘的纸张本来就很脆弱，容易褪色破损，作品存放对湿度、温度、光照要求苛刻。在磐安非遗馆建成使用之前，他们租了电影院上面一间大厅来存放高照马作品。目前，只能用局部及时修补和重新上色的方式，来对抗高照马作品的褪色和破损。

为了传承和创新高照马的制作技艺，非遗传承人陈益民每年都会制作几把新高照、几个新龙头，把自己的一些新想法加进去。由于人物众多，制作工艺复杂，制作一座二十四孝阁，主要工序由他操刀，辅助工序由他的伙伴和徒弟帮忙，至少需要半年时间。前些年他精力旺盛时，一年可以做13个龙头，去年只做了2个龙头。

今年70岁的陈益民出生于磐安手工艺世家，爷爷是当时小有名气的手工艺人。他的父亲陈维美从小就学习书法、绘画和家传的灯笼、龙头制作工艺，后来又师从当时有名的高照马制作师傅徐清水，和师傅的5个儿子一起学习剪纸、雕刻、泥塑、木工、彩绘。陈益民从14岁开始跟父亲学做高照马，逐渐熟练掌握了各项制作工艺。身材高大的他，干活是一把好手，还当过多年村干部，但一坐在刻花的小桌和绘画的大桌前，就会安安静静地沉醉于这个美好的艺术天地。

由于高照马用于节庆表演，作品本身并无商业价值，又难于存放，加之制作工艺复杂，技艺要求高，更需要制作者沉得下心来，除此之外还要有创造、创新能力，所以很多慕名前来观赏、意欲拜师的年轻人在一番惊叹、感慨之后，都打道回府了。

这些年来，陈益民收了不少徒弟，也让儿子来学习并参与制作，想将这项技艺传承下去。其中磐安安文镇的陈锡铭、陈卫康，东阳马宅的张守兴，比较完整地学习了传统技艺，很好地传承了传统制作技艺的精髓，其作品也具有色彩鲜艳、工艺精良、造型生动等特点，他们在龙头制作和

制作一个高照需要诸多工艺　徐　莹／摄

高照马制作上也有一定的名气。

然而，目前除了陈益民，还没人能独立设计、制作完成一套完整的高照马作品。陈益民的很多设计和制作都来源于多年经验和一时灵感，创作思路、创新心得没能诉诸文字，多年的创作和制作没有留下完整的设计图纸和书面的制作工艺流程，所以高照马制作技艺的传承陷入十分艰难的境地。

人物的衣物配饰都是用纸折成，然后描画图案

【延伸阅读】

高照马制作技艺是以高照为主，辅以竹马与彩车制作的民间手工艺，其中高照是以木质结构为框架，用白纸雕刻、彩绘并糊制，以营造平面花卉图案与立体人物形象为核心的民间造型艺术。磐安高照主要集中在人物形象、花卉图案、几何图案、灯笼花篮、亭台楼阁五个系列的造型艺术。磐安高照马在每年下半年开始制作，一般需要两个月的制作时间。元宵节前后，竹马、彩车配合高照一起表演，磐安民间统称这种表演形式为高照马。

磐安高照马与其他地区的高照有所不同，浙北地区的高照主要是竖高照，相当于灯笼，以高度与气势见长，而磐安高照则以精致的造型见长，在表演时还要配合竹马、彩车，形成一个良好的民间艺术互动发展的生态。

高照的制作分为四个工艺流程，分别是扎制木结构框架，依木结构框架糊纸；用纸扎制不同的人物形象，分别是历史人物、信仰型人物和生活型人物三类；人物系列分别粘贴在高照的上层、中层与基座之上；最后用细竹扎制两只灯笼、两只花篮。高照的人物或花卉图案因民间艺人创作方式的不同而不同。

竹马制作是以竹篾扎制马头与马尾的骨架，并配以糊纸、糊布、彩画等工序，近年来逐步用布代替纸。

彩车制作则以杉木为架构，模仿花轿造型制作，并围上红布。

磐安高照制作工艺精良、造型生动、色彩鲜艳，是磐安传统纸工艺的杰出代表。2013年2月，磐安高照参加金华市"龙蛇贺春"灯展，荣获金奖；2013年11月，参加在江西婺源举办的中国民间文艺"山花奖"民间灯彩大赛，获"山花奖"；2011年被列入浙江省第四批非物质文化遗产名录。

一个个小小的红灯笼都是手工制作

狂歌火舞生生不息

——磐安炼火省级代表性 传承人陈有根

◎徐 莹

先锋号声响彻云霄，锣鼓唢呐惊天动地。

明月星光下，一个直径约 15 米的大火坛中，木炭叠成小山坡形状，熊熊燃烧，火坛中心温度高达 700 多摄氏度。一群赤膊赤脚、围着兽皮树叶形状腰裙模仿原始人装束的剽悍大汉，手执响铃叉、钢刀，高歌狂舞，大声呐喊，冲进熊熊烈火，把人类依靠自身意志和力量去与大自然拼搏而求生存的无畏和果敢表现得淋漓尽致。

这，就是气势宏大、神秘亘古的磐安炼火仪式中的一个场景。

炼火被专家称为"火上舞蹈"和"浙江民俗活化石"。2005 年，磐安炼火被列入浙江省第一批非物质文化遗产名录。

磐安县每年炼火活动的时间为三四月或八九月，春季的炼火仪式主要是为了祈求风调雨顺和平安健康，中秋节或重阳节的炼火仪式是为了庆祝丰收、感谢天恩。

磐安炼火　蒋秋良／摄

磐安炼火形式多样，最典型的是"踏火山"和"闯火海"。"踏火山"主要流行于双峰乡、仁川乡一带，是把烧红了的木炭堆成直径3米、高0.8米的"火山"，炼火者手执平头刀冲上火山，奋力拨弄，将通红的木炭拨得火星四起，人从火炭中踏过，循环往复，直至把火山踏平，称为"踏火山炼平安火"；"闯火海"以深泽乡和盘峰乡为主，是把烧红的木炭平铺成直径10多米、厚约0.2米的火坛，众多炼火者手执钢叉冲入火坛，在火坛中高歌狂舞。

炼火全程以五行相生相克的理论为指导，其流程大致为真人（山人、道士）"请神"、"降侗"、"打开水火门"、蹈火、游艺、观众参与、送神。磐安炼火的历史经历了从娱人到娱神再到娱人三个发展阶段，是一种古老的原生态文化资源，体现了中华民族百折不挠、自强不息、赴汤蹈火、勇往直前的人文精神。从炼火

场的八卦图及按照阴阳五行相生相克原理设立的水火门来看，炼火仪式还体现了周易文化的内涵，颇具神秘色彩，是火崇拜文化、巫觋文化、佛教文化、道教文化和儒家文化在特定历史、社会环境中的融合与演变，也是今天研究传统民俗文化的"活化石"。

在当地政府和代表性传承人陈有根的引领下，磐安炼火得以恢复和发展，现已有3支"闯火海"队伍和4支"踏火山"队伍，火舞者年龄最大的85岁，最小的12岁，具有强大的传承生命力。

烈焰中穿梭腾跃，用勇气和信心去与火共舞

炼火仪式通常由两部分组成：一是白天乡村里的各种民间文艺表演，二是晚间宏大瑰丽的炼火表演。深泽乡的村民喜欢吹打弹唱耍戏舞动，整个演练过程伴随着"四方乐""大头舞"等舞蹈形式，有锣鼓、唢呐伴奏，山民念唱，有侯阳高腔、婺剧乱弹、时调等戏曲演唱，曲牌多选《点绛唇》《满江红》《朝天子》《小桃红》等。像"寿龟奉""茶""磐安吹打""秧歌""大堂锣""铜钿鞭""罗汉班""走线狮子""女子花灯"等活动，男女老幼都踊跃参与，为晚上的炼火表演烘托出浓烈的欢乐气氛。

晚间的炼火表演分五段进行，分别是择地定方位、烧火、试火、踩火和谢火。举办炼火表演的地点必须是平坦的泥地，而且要足够空旷。选定地点后，村民就会在场地上堆放由各家各户捐助的干柴和木炭。参与者在炼火前7天每日都要沐浴净身，并且戒斋吃素，以示虔诚。

深泽乡的炼火场设在徐公岩民俗广场，那里四面群山环绕，清流潺潺。炼火之前要先清理场地，铺好木炭，做成八卦状或日月形，设五门八处。只等夕阳西下、明月升起，木炭圈被柴火引

炼火全景　林明泉／摄

　　燃，烈焰在空旷的场地上噼啪爆裂，最高温度可达 700 多摄氏度，普通人在火场三五米外远就已抵挡不住。

　　炼火仪式是活动中最惊心动魄的部分，数十个古代勇士打扮的山村大汉一字排开，手执钢叉，气势昂扬地围立在火场边。当丈余长的先锋长号仰天吹响，锣鼓唢呐齐声大作，数十名勇士在"降伺"的带领下，从北门赤脚踩入火坛，又急速从南门踩出，穿越火坛时表演"十字插花""火海降魔""双龙出水""四海归一"等高难度动作，在熊熊燃烧的火焰上高歌狂舞，展现远古人类原生态的力与美。第二轮改从南门进，北门出。到后来，炼火者越来越多，在一旁观看的村民也一个接一个跳进去跟着勇士们"赴汤蹈火"。

　　磐安炼火仪式一刻钟为一坛，一般炼三坛即告结束。踩完火出场时，勇士们除了赤脚上的焦炭黑色，一个个毫发无伤。

　　年少时的憧憬和让炼火生生不息的执念，让他成了火舞者的

引领者。"能在火海中高歌狂舞的男人,才是有勇气、有魅力的男人。"儿时,陈有根曾不止一次亲眼目睹爷爷、父亲、同族同村兄长们在烈焰中高歌狂舞,他觉得,能够与火共舞的男人才是真的汉子,憧憬着自己将来也能成为一名火舞者。多年后,他成了远近闻名的踩火人,成了深泽火舞者的引领者,成了磐安炼火当之无愧的非遗传承人。

逾70岁的陈有根身材高大,气壮声粗,说起话来果敢利落。"我家从太公那一辈就开始炼火了,一代一代传下来。我是从19岁开始炼火的,如今我的二儿子陈孝明成为我家又一代炼火人。"

第一次踩火,陈有根满心好奇又惴惴不安。"炼火时,要提足一口气,跟上队伍的节奏,迅速踩过火场,才能确保毫发无伤。"父亲的叮嘱和引领,让他鼓足勇气紧随队伍踩过了火海。一次、

陈有根次子陈孝明在踏火山　　周琼琼／摄

两次、三次，毫发无损的他坚定了信心和勇气。他说，炼火的秘诀就是"脚皮厚，胆子大"。脚皮厚是练出来的，山民从前日子艰难，从小打赤脚，砂石荆棘都光脚踩踏，久而久之磨出了厚厚的脚皮。胆子，也是一步步练的。初学炼火，先从小火堆开始，直径3～5米，一直扩展到8～10米。如今。"闯火海"的炼火场直径足足有15米，腿长的高个子也要跨十六七步。

大型的炼火活动，参加者常逾百人。深泽乡正规炼火队里的13名主力年龄在46至60岁之间，可见真功夫还是练出来的。深泽乡钟情炼火的人很多，众多的火舞者中年龄最大的马星亮85岁，前几天还特意赶来告诉陈有根，今年的炼火他还要参加；年龄最小的陈秉正12岁，从8岁就开始学炼火了，去年的炼火活动中他因为脚步乱了被轻微烫伤，可这个勇敢的小男子汉大声宣告以后的炼火表演他还要参加。

非遗传承是一项使命，需要大家一起努力

自幼喜欢各类民间艺术表演的陈有根，1979年起担任深泽乡文化站长，2011年退休。

2001年，陈有根通过函授和自学，获取了上海大学文学院群众文化管理专业的毕业文凭，后又获得群文馆员中级职称。他把生命中最好的时光献给了自己倾情关注、全力抢救的深泽乡非遗事业。

无论退休与否，陈有根都有一种时不我待的使命感。在基层文化站的工作岗位上，他先后发掘了源远流长的炼火、先锋、四吹、乌龟端茶等传统民间项目105个。同时，陈有根亲身学习当地民间艺术，通过组织民间娱乐活动、组建农民艺术队伍等方式来拯

救和保护非遗文化。

从 1979 年中秋节恢复炼火以来，每一次炼火，从筹集炭火到排兵布阵、服装道具、曲乐搭配、环节设置等，陈有根都起着主导作用。为了让深泽炼火有更丰富的文化内涵，有更耐看的表演形式，他查阅资料，外出观摩，在尽量保持原汁原味的基础上，对演出服装、表演形式、表演环节等方面做了微调，让炼火仪式的观赏性和互动性不断提升，场景美化和文化内涵也有了质的飞跃。如今，深泽乡已有多支炼火队，成员包括老中青三代村民，能参与炼火表演的有 100 多人。

"传承是一项使命，光靠几个人是不行的，需要大家一起努力。民间艺术是国家的珍宝，每个人都有义务将其传承下去。"陈有根说，希望能有更多的人关注、传承民间传统艺术。陈有根先后被授予浙江省非物质文化遗产磐安炼火项目的代表性传承人、浙江省非物质文化遗产保护先进个人、浙江省第二批优秀民间文艺人才。

退休 9 年了，陈有根仍痴迷于炼火和深泽乡的非遗事业，每发现一个非遗好项目、好传承人，他都会及时告知上级主管部门。

随着社会的发展和生活习俗的改变，炼火仪式存在的空间逐渐缩小。对此，磐安县采取了一系列保护和传承措施：进一步开展炼火项目的普查工作，深入细致地摸清其历史沿革、分布区域等基本情况，并进行归类整理，建立数据库；抽调人员编辑《炼火资料集成》；建立炼火表演基地；组织了 6 支炼火表演队伍，恢复所属分布区域的炼火表演活动；建立炼火原生态文化保护区，对炼火项目进行综合保护和合理利用；制定炼火专项保护五年规划，建立了由社会各界人士参加的炼火项目保护工作小组。

【延伸阅读】

　　磐安县位于浙江中部，地处天台山、括苍山、仙霞岭、四明山等山脉的发脉处，是钱塘江、曹娥江、灵江、瓯江四大水系的发源地之一，素称"群山之祖，诸水之源"，是浙江古人类较早的居住地之一，历史文化悠久。

　　磐安县县名出自《荀子·富国》"国安于盘石"之说，意为"安如磐石"。

　　从地理位置上看，磐安应属百越中的山越。磐安是山越民间艺术的宝库，磐安的戏剧、曲艺、编织、雕刻、民俗等民间艺术都不同程度地展现了山越文化的特色。

　　炼火是一种古老的民俗活动，主要流传在磐安县双峰、仁川、深泽乡一带和附近地区。

　　据传，炼火起源于远古时代先民对火的崇拜，是古代"拔除"习俗的遗存，最迟在周代已经形成。乡间哲人认为磐安炼火含有"上刀山下火海，历尽千辛万苦，不畏艰险"之意，又有借助自然界的某种神秘力量来驱除一切妖魔鬼怪的用意。对于民间来说，磐安炼火则有祈求风调雨顺、国泰民安和驱晦降妖、除病祛灾的美好愿望，也有庆祝丰收、感谢上天恩典的意味。

　　炼火活动的文字记载可上溯到宋代。宋代以后，以深泽为主要活动地的炼火习俗年年举行，传承到近代，成了当地仪式最隆重、参与面最广、场景最壮观的一种大型民俗活动。

　　炼火又称"踩火"，形式多样，典型的有双峰一带的"踏火山"和深泽一带的"闯火海"两种。"踏火山"是把烧红的炭火堆成近一米高的小山丘，炼火者赤脚赤膊，手执平头刀冲过"火山"，同时用平头刀奋力拨弄，火光飞舞，火星四溅。炼火者循环往复，

直到将"火山"踏平。"闯火海"是把烧红的木炭平铺成直径 10 多米、厚约 0.2 米的火坛,众多炼火者手执钢叉冲入火坛,在火坛上狂舞。炼火者赤脚在烧红的炭火上行走起舞,动作粗犷激烈,颇具原始风味。近年来,当地民众尝试在传统基础上增加了钻火箍、在火堆中滚叉、武术等表演与阵图,使整个活动更具地方特色和古老艺术氛围。

磐安炼火曾参加过由文化部等九部委联合举办的中国非物质文化遗产保护成果展,被誉为中国传统民俗文化的"活化石",2005 年被列入浙江省第一批非物质文化遗产名录。

后　记

　　一场突如其来的疫情，让这个庚子春节不同以往。没有外出，没有聚餐，宅在家里却也无心做事，这是有史以来年味最淡的一个年了。记忆中的喧闹喜庆让人倍感亲切，人间的日常和烟火叫人思念得心痛。静下心来想，这场疫情让人们突然认识到生命的可贵，也提醒人们去思考什么是传统年节原有的精神旨趣——年把大家聚在一起，联结情感，祈愿平安，期盼幸福。年凝聚了人们对生活、对生命的所有的美好祝愿。在这样的年节里，我们陪伴家人，万众一心，共克时艰，静候春暖花开。接到《匠艺》这本书可以正式出版的通知也是在这个非常时期，我想 2020 年注定是不同凡响的一年，但它会善待每一个认真工作、生活的我们！

　　2016 年年初，我们着手开展《匠艺》一书的访谈和调研工作。当时，国家级非物质文化遗产代表性传承人抢救性记录工程正开展得紧张有序——由于年老体弱等原因，国家级代表性传承人去世人数不断增加，在世人员也多年事已高。据文化部数据统计，

截至 2015 年年底，已有近 300 名国家级代表性传承人去世，在世传承人中 70 周岁以上的占到 56%。因此，开展传承人的抢救性记录工作刻不容缓。针对国家级代表性传承人的记录工程，文化部已经行动。基于此，我们从金华市实际出发，把《匠艺》一书的访谈对象锁定在市级以上、年高艺长、传承相对困难的代表性传承人。对传承人开展抢救性记录，将传承人对文化传统的深刻理解与自身掌握的精湛技艺通过多种手段全面、真实、系统地记录，保留下八婺大地优秀传统文化基因，为后人传承、研究、宣传、利用非物质文化遗产留下宝贵资料，是项目开展的初衷，同时也是目的。

金华历史悠久，人文荟萃，文化底蕴十分深厚。金华不仅有着丰富多彩、弥足珍贵的物质文化遗产，也有着绚丽多姿、令人叹绝的非物质文化遗产。在国务院公布的 4 批国家级非物质文化遗产名录中，金华市有 32 个项目名列其中；在浙江省政府公布的 6 批省级非物质文化遗产名录中，金华市有 116 个项目名列其中；同时，金华市市政府分 7 批共公布了 413 项金华市级非物质文化遗产项目。在金华工作生活多年，出于对金华非物质文化遗产的热爱，也出于文化工作者的责任，我们在紧张工作的同时，着手开展《匠艺》这样一个访谈出版项目，想通过访谈、调查、撰写、修订、编辑等工作，来表达对非物质文化遗产代表性传承人的保护，透过他们经历的曲折、学艺的艰辛、成就的取得，来还原金华非遗的精神，解读其内涵，呈现其魅力，同时也如实反映其现状和困境，使更多的人能够了解和关注金华这些优秀的非物质文化遗产，并给予非遗传承人更多的尊重和支持。

2016 年年初，金华晚报社的曹建兵主任和我们一道努力，组织建立了一支对金华传统文化有着深厚感情，对金华非遗保护有着深切情怀的访谈队伍，队伍中的每一位成员对受访项目和对象，都经历了从前期多角度了解到后来几次三番直面接触的过程，并沿着各自的写作方向，去观察，去思考，去体会，去落笔。这个过程并不顺利，但每个人都坚持了下来，从2016年一直到2020年，一路辛苦一路歌。有一句话说得好："最美好的生活方式，是和一群志同道合的人，一起奔跑在理想的路上，回头有一路的故事，低头有坚定的脚步，抬头有清晰的远方。"感谢这个充满力量的队伍。

感谢每一位非遗传承人及他们的家人、徒弟及亲友在调查、访问过程中的配合和支持；感谢各县市文化局及非遗保护中心的各位领导和同人；尤其感谢关心支持本书出版的金华市文化和广电旅游体育局方宪文局长和为本书写序的原局长钟世杰先生；感谢出版此书的中国民族文化出版社；感谢所有阅读这本书的读者；感谢所有关心和支持非物质文化遗产保护和发展的人们。

由于分工访谈调查，对项目事件的理解会有所不同，文字叙述的方法和能力也会有所差异，而且从2016年的项目采访、调查、成稿，直到2020年的才完成书稿出版，时间跨度有点长，本书还有许多值得推敲和继续完善的地方，难免会有疏漏谬误，恳请方家和读者指正赐教。

2020年2月

图书在版编目（ＣＩＰ）数据

匠艺 / 金华市非物质文化遗产保护中心编 . -- 北京 ： 中国民族文化出版社有限公司， 2020.5（2025.1重印）

ISBN 978-7-5122-1313-5

Ⅰ．①匠… Ⅱ．①方… Ⅲ．①非物质文化遗产－浙江 Ⅳ．① G127.55

中国版本图书馆 CIP 数据核字（2020）第 029053 号

匠艺

金华市非物质文化遗产保护中心　编

责任编辑　万晓文

责任校对　李文学

出 版 者　中国民族文化出版社　地　　址：北京东城区和平里北街 14 号

邮　　编：100013　联系电话：010-84250639　64211754（传真）

印　　装　三河市同力彩印有限公司

开　　本　787mm×1092mm　1/16 开

印　　张　10.5

字　　数　122 千字

版　　次　2020 年 5 月第 1 版　2025年1月第2次印刷

标准书号　ISBN 978-7-5122-1313-5

定　　价　45.00 元